JN095024

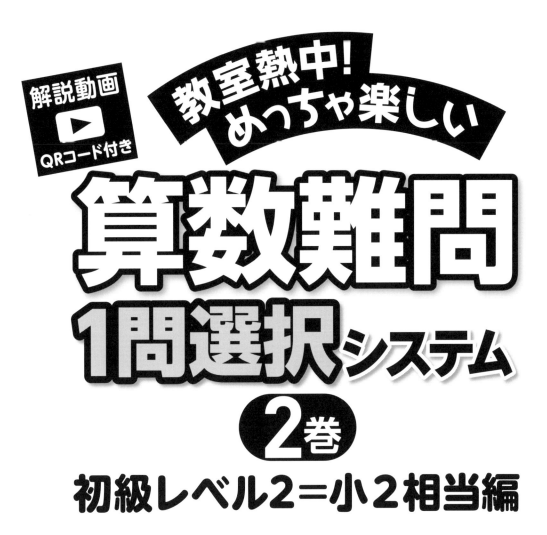

解説動画 ▶ QRコード付き

教室熱中！めっちゃ楽しい

算数難問
1問選択システム

2巻

初級レベル2＝小2相当編

木村重夫
中田昭大＋TOSS流氷
編

まえがき

1 子ども熱中の難問を満載！

　本シリーズは，子どもが熱中する難問を満載した「誰でもできる難問の授業システム事典」です。みなさんは子どもが熱中する難問の授業をされたことがありますか？　算数教科書だけで子ども熱中の授業を作ることは高度な腕を必要とします。しかし，選び抜かれた難問を与えて，システムとして授業すれば，誰でも子ども熱中を体感できます。

これが「子どもが熱中する」ということなんだ！

　初めて体験する盛り上がりです。時間が来たので終わろうとしても「先生まだやりたい！」という子たち。正答を教えようとしたら「教えないで！　自分で解きたい！」と叫ぶ子たち。今まで経験したことがなかった「手応え」を感じることでしょう。

2 これまでになかった最強の難問集

　本シリーズは，かつて明治図書から発刊された「難問シリーズ」「新・難問シリーズ」から教室で効果抜群だった難問を選び抜いて再編集しました。

　新しい難問も加えました。すべて子どもの事実を通しました。本シリーズは「最強の難問集」と言えるでしょう。

　さらに，新学習指導要領に対応させた，本シリーズの目玉がこれです。

新学習指導要領に対応！「デジタル時代に対応する新難問」
(1) 論理的思考を鍛える問題10問
(2) プログラミング的思考問題10問
(3) データの読解力／活用力問題10問
(4) 読解力を鍛える問題10問

　プログラミング学習やデータ読解力など，新学習指導要領に対応した難問を開発しました。最新の課題に対応させた難問です。子どもたちの新しい力を引き出してください。さらにスペシャルな付録をつけました。

教科書よりちょっぴり難しい「ちょいムズ問題」

　すでに学習した内容から，教科書と同じまたはちょっぴり難しいレベルの問題をズラーッと集めました。教科書の総復習としても使えます。20問の中から５問コース・10問コース・全問コースなどと自分のペースで好きな問題を選んで解けます。１問１問は比較的簡単ですが，それがたくさん並んでいるから集中します。

3 デジタル時代に対応！ よくわかる動画で解説

　本シリーズ編集でとくに力を注いだのが「解説動画」です。

　ぜひ動画をごらんになってください。各ページに印刷されているQRコードからYouTubeの動画にすぐにアクセスできます。問題を解くポイントを音声で解説しながら，わかりやすい動画で解説します。授業される先生にとって「教え方の参考」になるでしょう。教室で動画を映せば子

どもたち向けのよくわかる解説になります。また，新型コロナ等による在宅学習でもきっと役立つことでしょう。なお，動画はすべての問題ではなく，5問中とくに難しい問題につけました。

動画のマスコット「ライオンくん」▶

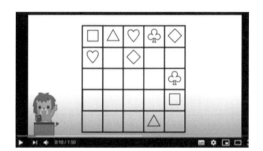

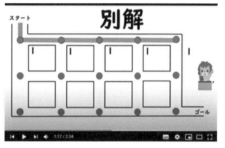

4　難問がつくる教室のドラマ

　難問の授業で起きた教室のドラマです。

> ふだん勉強が得意な子が間違えて，苦手な子が解けた。

「3を7で割ったとき，小数第100位はいくつか」という難問があります。勉強が得意な子がひらめきで解いたのですがウッカリミスがあってバツが続きました。勉強が苦手な子が家に帰って大きな紙に小数第100位まで筆算を書きました。その子は正解でした。時間はかかりましたが地道に取り組んだ子が正解しました。勉強が得意な子が間違え，苦手な子が正解したのです。これを「逆転現象」と言います。子どもたちは驚きました。子どもの中にある「できる子」「できない子」という固定観念はこうした事実で崩れていきます。

　本シリーズを活用して，「熱中する授業」をつくってください。たくさんのドラマに出会ってください。腹の底までズシンと響く確かな「手応え」を感じていただけたら，と思います。

木村重夫

シリーズの活用方法

① 授業したいページを選ぶ

このシリーズの基本的な活用方法（ユースウェア）を紹介します。

まず，子どもに授業したい見開き2ページを選びます。初めて難問に出会う子どもたちの実態を考えて，1〜2学年下のレベルの難問を与えることもよいでしょう。5問を1枚に印刷します。人数分プラス余分に印刷しておくと，「家でやりたい！」という子たちに与えることができます。

② 子どもに説明する

初めて子どもに説明するときの教師の言葉です。

①とっても難しい問題です。「難問」と言います。難問5問のうち，どの問題でもいいですから1問だけ選んで解きましょう。

②1問解けたら100点です。（子ども）たった1問？

③2問目をどうしても解きたい人は解いてもかまいませんが，もしも正解しても，
【板書】100点＋100点＝100点です。（子ども）ええ!?

④もしも2問目を間違えたときは，
【板書】100点＋0点＝0点です。（子ども）えええ!?

⑤先生が5問読みます。1問選んでください。（教師が読んでやらないと，全体を見ないで1問目に飛びつく子がいます。）

⑥どの問題に挑戦したいですか。ちょっと聞いてみよう。1番，2番，3番，4番，5番。（クラスの傾向をつかみます。）どの問題でも100点に変わりありません。解けなかったら別の問題に変えてもかまいません。

⑦できたら持っていらっしゃい。用意，始め！

③ 教えないで×をつける

解いた子が持って来ます。教師は○か×だけつけます。「×」に抵抗がありそうな子には「✔」でもかまいません。このときのポイントはこれです。

解き方や答えを教えない。

「おしいなあ。（×）」「いい線いっているけど…。（×）」「なるほど！こうやったのか。でも×だな」「がんばったねえ。（×）」「これは高級な間違いだな。（×）」
など，にこやかに一声かけつつも×をつけます。解き方や答えは教えません。

　×をつけられた子は「ええー？」と言いながら席にもどり，再び挑戦します。

　何度も何度も挑戦させます。教師が解説してしまったら，子どもが自力で解いて「やったあ！」と喜ぶ瞬間を奪うことになります。

④ 挑発すると，いっそう盛り上がる

難問の授業を盛り上げる手立てがあります。「挑発する」ことです。
「みんなできないようだから，答えを教えましょうか。」
「もう降参ですね？」笑顔で挑発します
「待ってー！」「答えを言わないで！」「自分で解きます！」「絶対降参なんかしない！」子どもたちは絶叫します。教室がますます盛り上がります。

⑤ 答え合わせは工夫して。解説動画が役立ちます

　答えをすぐに教えないことが基本です。家で解いてきた子がいたら，たくさんほめましょう。解き方や答えを確認する方法はいくつかあります。子どもの実態や時間を考慮して先生が工夫してください。

　A　解けた子に黒板に書かせ，説明させる。
　B　解いた子の解答用紙を教室に掲示する。
　C　教師が板書して簡単に解説する。
　D　本書の解説・解答ページをコピーして掲示する。
　E　本書の「解説動画」を見せる。（実にわかりやすい動画です。解説ページにあるQRコードからアクセスしてください。）

⑥ デジタル難問，ちょいムズ問題で新しい挑戦を！

　「**デジタル難問**」は，先生が選んだ問題を必要に応じて与えてください。例えばプログラミング学習をした後に発展として取り上げることも効果的です。

　「**ちょいムズ問題**」を自習に出すとシーンとなります。学期末や学年末のまとめとしても使えます。5問コース，10問コース，全問コースを決め，問題を自分で選ばせます。個人差に応じた問題数で挑戦できます。「できる」「できる」の連続で達成感を持てるでしょう。

⑦ 「算数難問，大人気」「奇跡のようでした」

　西日本の小学校特別支援学級の先生から届いた難問授業レポートです。

> 　最初は「わからない」とシーンとした時間が続いた。しかし，最初に男子が1問正解した。「A君，合格しました！」「おお，すごいねー！」わーっと拍手が起きた。
> 　またしばらくすると，今度はB子が合格した。B子にも友達から温かい拍手が送られた。彼女のプリントを見ると，あちこちに筆算が残されていた。
> 　1つ1つ地道に計算しながら答えにたどり着いたことがわかった。
> 　この辺りから一気に火がついた。休み時間になっても「まだやりたいです！」とやめようとしない子が続出した。
> 　なんとC男もやり始めた。最初は「どうせわからん」と言っていたが，のめり込んでいった。もちろん一人では解けないので私の所にやって来た。
> 　以前は間違えること，失敗することが嫌で何もやろうとしなかったことを考えれば，難問に挑戦し，何度も何度も×をもらっているのは奇跡のようだった。
> 　「こんな難しい問題に挑戦しているのがえらいよ。」
> 　「失敗してもへっちゃらになってきたな。前よりも心が強くなったな。」
> 　「×がついてもちゃんと正答に近づいていくでしょ？」
> 　問題を解いたことではなく，挑戦したことに価値があるのだ。

　難問によって「あきらめない子」「何度も挑戦する子」が生まれ，配慮を要する子が「失敗を受け入れ」「奇跡のようだ」という嬉しい報告です。

　あなたのクラスの子どもたちにも「難問に挑戦する楽しさ」を，ぜひ味わわせてください。

木村重夫

2年　難問の授業モデル／活用のヒント

1.まずは，正しい方法でやってみる

　子どもは難問が大好きです。小学校低学年から高学年まで，どの学年でも熱中します。

　ただし，条件があります。

　正しい方法（ユースウェア）でやってみることです。
　活用方法に書かれた通りに説明し，○か×をつけるのです。
　低学年の子どもは×が続いてしまうとやる気がなくなってしまうのではという心配があるかもしれません。その場合は，取り組む前に次のように語ってみてください。

> 電球を発明したのはエジソンという人です。電球の発明のために20000回も間違いを繰り返しました。もし，エジソンが1000回の間違いであきらめていたら，電球は発明されていなかったでしょう。もし，10000回の間違いで"もうだめだ"と思っていたら，私たちはロウソクの明かりで生活していたかもしれません。間違いや失敗を恐れずに挑戦を繰り返したからこそ，人類は進歩してきたのです。勉強も同じです。たくさん間違うことで賢くなり，成長するのです。×をもらってもあきらめず，何度も挑戦することが大切なのです。

　そして，何度も持ってきて×をもらう子に，「×がいっぱいつく子は賢くなる！」と声をかけ，励ましてください。
　子どもたちは，安心して取り組むと思います。
　まずは，正しい方法（ユースウェア）でやってみることをお勧めします。

2.難問に取り組む時間がないときの活用法

　授業時間は限られています。
　難問に取り組むときに，毎回，1時間を使うことはできません。
　算数の授業が早く終わって10分ぐらい時間が余った時には，難問集から問題を1問選んで出してあげます。今，学習している単元に関わる問題ならば，発展的な内容として扱うこともできます。

　例えば，3けた－2けたの筆算の学習をしているときには，右のような難問を出します。この場合も，問題が解けたら持ってこさせ，○か×かをつけ，励まします。○をもらった子は，自分で解けた達成感を味わうことができます。授業の終わりに，一番早く解けた子に解法を説明させると，その子は大きな自信を得ることができるでしょう。

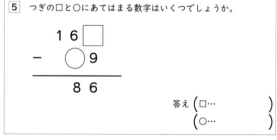

▲本誌 難問8-⑤の問題

　2年生の単元とそれに対応した問題を以下に示しますので，ご活用ください。

単元名	難問番号
たし算のひっ算（2けた）	4-② 4-④ 13-⑤
ひき算のひっ算（2けた）	4-④ 6-⑤ 12-①
長さのたんい（cm・mm）	4-① 7-⑤ 15-① 18-⑤
3けたの数	8-① 9-④
時こくと時間	8-④ 14-④
たし算とひき算のひっ算 （和が3けた　3けた－2けた）	8-⑤
長方形と正方形	7-② 11-① 19-③
4けたの数	5-① 14-①
長いものの長さのたんい（m）	5-②
分数	15-②
はこの形	16-⑤
かけ算	3-④ 4-③ 7-③ 14-⑤ 20-③

3.イベント的に難問に取り組む

　授業時間に難問ができない場合には，イベント的に取り組むことも可能です。

　週に1問，難問を出す，『週1難問』です。月曜日に問題を教室に貼り出します。金曜日まで
に解き，先生に〇をもらえればクリアーです。この方法で
子どもは年間40問程度の難問に挑戦することが可能です。
年間30問解けたら，"難問名人"と認定し，賞状を渡すと
意欲が倍増します。また，「全員，週1難問が解けたら学
級でパーティを開こう」と提案すれば，クラス全員を巻き
込むこともできます。

　知的な難問に遊び心を加えて取り組むと，より楽しいも
のになります。

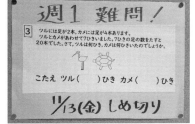

　日本中の子どもたちが難問に挑戦し，算数の面白さ，考えることの楽しさを感じてくれること
を心より願っています。

TOSS流氷代表　　**中田 昭大**

目　次

※印の問題＝解説動画付き

Ｉ 教室熱中！ 初級レベル難問集２
小２相当編
（問題／解答と解説）

Ⅱ デジタル時代の新難問

（問題／解答と解説）

ちょいムズ問題
（問題／解答と解説）

● 出題＝木村重夫

難問 No.1

★もんだいが5問あります。1問だけえらんでときましょう。

1　数字がつぎのようにならんでいます。
　　□に入る数字を書きましょう。

| 1 | 2 | 4 | 7 | | | 22 | 29 |

2　丸に線をひきます。1本の線では，丸は2つに分けられます。
　　2本の線では，丸は3つと4つに分けられます。
　　それでは，3本の線ではいくつに分けられるでしょうか。

　1本では2つ

　2本では3つと4つ

3本のばあい　答え（下に線をかこう）

3　2つの数があります。この2つの数をたすと20になります。
　　大きい方から小さい方をひくと10になります。
　　2つの数は何と何ですか。

答え（　　　　　と　　　　　）

4 ○＋○＝12
　△＋△＋△＝12
　□＋□＋□＋□＝12

のようになっているとき，○＋△＋□はいくつになりますか。

答え（　　　　　　　　）

5　下の図のようにつまれたつみ木があります。
　つみ木はぜんぶで何こありますか。

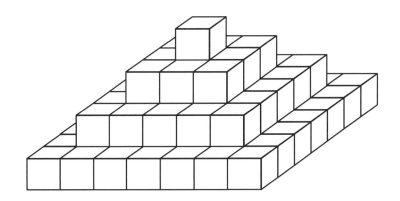

答え（　　　　　　　）こ

1 答え　11と16

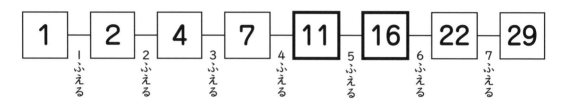

2 答え　4つと5つと6つと7つ

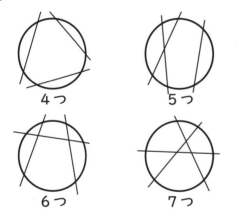

4つ　　　5つ

6つ　　　7つ

左の図と同じ線の引き方でなくてもよい。
4つ，5つ，6つ，7つに分けられていれば正解とする。

3 答え　5と15

　差が10になる組み合わせを考える。
　20までの数を組み合わせて差が10になるのは
（0と10）（1と11）（2と12）（3と13）（4と14）（5と15）
（6と16）（7と17）（8と18）（9と19）（10と20）の11組。
　その中で和が20になる組み合わせは（5と15）である。

出題＝澤田好男

選＝中田昭大（編集チーム）

4 答え 13

$$○+○=12 \qquad ○=6$$
$$△+△+△=12 \qquad △=4$$
$$□+□+□+□=12 \quad □=3$$

よって，$○+△+□=13$となる。

5 答え 84こ

```
1番上   1個（1×1＝1）
2番目   9個（3×3＝9）
3番目  25個（5×5＝25）
4番目  49個（7×7＝49）
```

$$1＋9＋25＋49＝84（個）$$

【引用文献】
澤田好男 『教室熱中！難問1問選択システム2年』P.14（明治図書）

★もんだいが5問あります。1問だけえらんでときましょう。

1 時計がかがみにうつっています。となりにかきなおしましょう。
また，何時何分ですか。

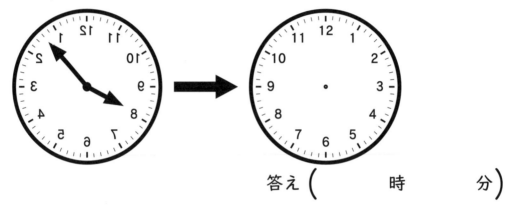

答え（　　　時　　　分）

2 下の図の中に三角形は何こありますか。

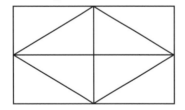

答え（　　　　）こ

3 お母さんから1000円もらって買いものに行きました。ちょうど1000円の買いものをするには，それぞれいくつずつ買えばよいでしょうか。

答え　アイス（　　）つ　チョコレート（　　）つ　ケーキ（　　）つ

名前（ 　　　　　　　　　　　　　　　 ）

4 トマトさんがピラミッドをのぼっています。答えが18になるところしか通れません。どこを通ればいいでしょうか。線でたどりましょう。

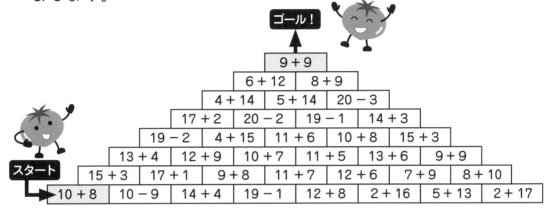

5 □に入る数を書きましょう。

① 2 — 4 — 6 — 8 — □ — 12

② 3 — 6 — 9 — □ — 15 — 18

③ 4 — □ — 12 — 16 — 20 — 24

④ □ — 10 — 15 — 20 — 25 — 30

⑤ 6 — 12 — 18 — □ — 30 — 36

⑥ 7 — □ — 21 — 28 — 35 — □

⑦ 8 — 16 — □ — 32 — □ — 48

⑧ 9 — 18 — □ — □ — 45 — 54

1 答え　8時7分

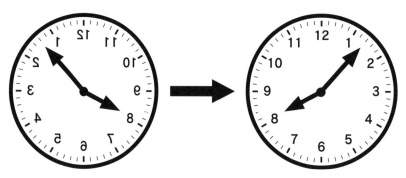

2 答え　12こ

$8+2+2=12$（こ）

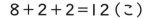

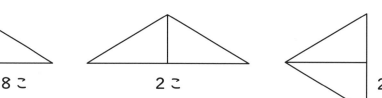

8こ　　　　　2こ　　　　　2こ

3 答え　アイス2つ　チョコレート1つ　ケーキ1つ

$210+210+230+350=1000$（円）

値段の高いものをまず買うと　$350+230=580$
$1000-580=420$
あと420円分を，210円のアイスをいくつか買って調整する。

4 答え　以下の通り

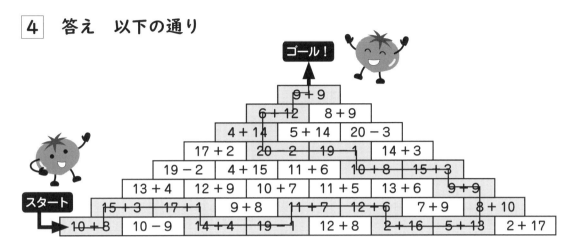

5 答え　以下の通り

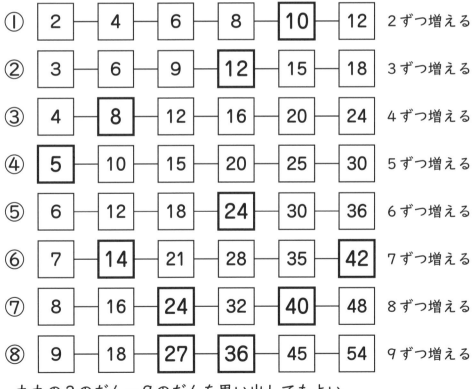

① | 2 | 4 | 6 | 8 | **10** | 12 | 2ずつ増える
② | 3 | 6 | 9 | **12** | 15 | 18 | 3ずつ増える
③ | 4 | **8** | 12 | 16 | 20 | 24 | 4ずつ増える
④ | **5** | 10 | 15 | 20 | 25 | 30 | 5ずつ増える
⑤ | 6 | 12 | 18 | **24** | 30 | 36 | 6ずつ増える
⑥ | 7 | **14** | 21 | 28 | 35 | **42** | 7ずつ増える
⑦ | 8 | 16 | **24** | 32 | **40** | 48 | 8ずつ増える
⑧ | 9 | 18 | **27** | **36** | 45 | 54 | 9ずつ増える

九九の２のだん〜９のだんを思い出してもよい。

【引用文献】
有村春彦　『教室熱中！難問１問選択システム２年』P.18（明治図書）

難問 No.3

★もんだいが5問あります。1問だけえらんでときましょう。

1 あ・い・う のカードにあてはまる数字は何ですか。

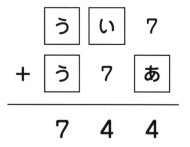

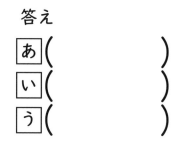

答え
あ（　　　　）
い（　　　　）
う（　　　　）

2 お店で15円ちょうどをはらいます。何円玉を何まい出せばよいでしょうか。考えられるほうほうをぜんぶかきましょう。

答え（絵や図，ことばでもいいです）

3 数がきまりよくならんでいます。2のれつにも，3のれつにもどちらにも出てくる数をきまりよくならべたとき，6番目に出てくる数は何ですか。

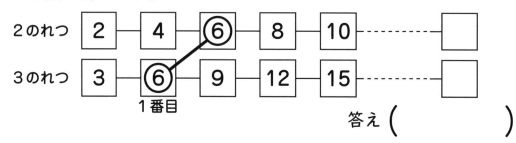

答え（　　　　　）

22

名前（　　　　　　　　　　　　　　　　　　　）

4 かけ算九九のことばあそびです。ぜんぶできたらマルです。
　　１つでもまちがえたらバツになります。

（１）２のだんの答えで虫が出てくるかけ算は
（２）２のだんでやいたらおいしいかけ算は
（３）４のだんでどうぶつが出てくるかけ算は
（４）６のだんでえいごが出てくるかけ算は？
（５）８のだんでみどり色のかけ算は
（６）かけ算九九の中で，となえるときに「が」をつけるのは何こ？

答え （１）□ × □　（２）□ × □　（３）□ × □

　　　（４）□ × □　（５）□ × □　（６）（　　）こ

5 三角のいた４まいでかざ車をつくりました。このうち１まいだけ
うごかしてできる形をぜんぶさがして，きごうをかきましょう。

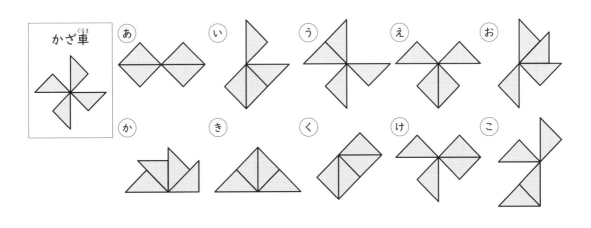

答え（　　　　　　　　　　　　　　　　　　　　）

1 答え　あ＝7　い＝6　う＝3

$$\begin{array}{ccc} \boxed{3} & \boxed{6} & 7 \\ {}_{う} & {}_{い} & \\ + \boxed{3} & 7 & \boxed{7} \\ {}_{う} & {}_{1} & {}_{あ} \\ \hline 7 & 4 & 4 \end{array}$$

あ→い→うの順に求める。

①あ　$7 + \boxed{7} = 14$ で 7

②い　$7 + 1 + \boxed{6} = 14$ で 6

③う　$1 + \boxed{3} + \boxed{3} = 7$ で 3

2 答え　6通り

絵や図，言葉で6通りかかれていればよい。

（1）⑩⑩

（2）⑩①①①①①

（3）⑤⑤⑤

（4）⑤⑤①①①①①

（5）⑤①①①①①①①①①

（6）①①①①①①①①①①①①①①①

3 答え　36

2のれつ，3のれつの続きの数を書きだす。
両方に出てくる数字を○で囲み，線で結ぶ。
○じるしの6番目が答えである。

2のれつ　2　4　⑥　8　10　⑫　14, 16, ⑱　20, 22, ㉔　26, 28, ㉚　32, 34, ㊱ ----

3のれつ　3　⑥　9　⑫　15, ⑱　21, ㉔　27, ㉚　33, ㊱ ----

1　2　3　4　5　6

4 答え　以下の通り

（1）2×4（ハチだから）

（2）2×9（肉だから

（3）4×4（獅子＝ライオンだから）

（4）6×9（ロックだから）

（5）8×8（葉っぱだから）

（6）23こ（インイチがイチ・・・・等）

1の段→9個	2の段→4個	3の段→3個
4の段→2個	5の段→1個	6の段→1個
7の段→1個	8の段→1個	9の段→1個

5 答え ⓘ ⓤ ⓞ ⓚ ⓒ

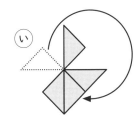

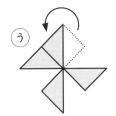

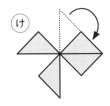

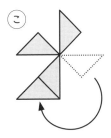

【引用文献】
水野正司 1 2 3 4『教室熱中！難問1問選択システム2年』P.22（明治図書）
桜木泰自 5　　　『新難問・良問＝5題1問選択システム2年』P.78（明治図書）

★もんだいが5問あります。1問だけえらんでときましょう。

1　24cmのひもを2つに切ったら，長さがちがってしまいました。
長いひもはみじかいひもより1cm長くなりました。
長いひもの長さはどれだけでしょう。

答え（　　　　　）

2　下のカレンダーの4つの日づけを，正方形でかこみます。
4つの数の合計が，ちょうど100になるようにかこみましょう。

〈れい〉
4つの数を，1つの
正方形でかこみます。
1＋2＋8＋9＝20
このばあいは20です。

日	月	火	水	木	金	土
		1	2	3	4	5
6	7	8	9	10	11	12
13	14	15	16	17	18	19
20	21	22	23	24	25	26
27	28	29	30			

3　犬が3びき，ひよこが4わ，たこが2ひきいます。
あしはぜんぶで，何本ありますか。

答え（　　　　　）本

4 Ⓐと形も大きさも同じ船に色をぬりましょう。
色をぬったきごうをならべかえると，あんごうが出てきます。

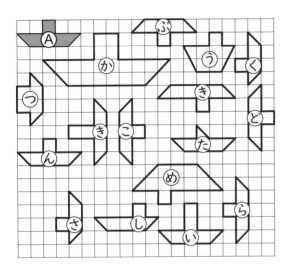

あんごう

5 マスの中に1〜25の数を1回ずつ，ぜんぶ入れて，たて，よこ，ななめの数の合計が，どこも65になるようにします。
右下のマスに，あてはまる数を入れましょう。

16	12
2	18
14	22
	7
21	19
11	17

	24		20	3
4		25	8	
	5	13		9
10		1		
23	6			15

解答と解説 No.4

1 答え　12cm 5mm

13cmという誤答が多くなる問題。
12cm 5mm － 11cm 5mm ＝ 1cm
12cm 5mm ＋ 11cm 5mm ＝ 24cm

2 答え　21　22　28　29

21＋22＋28＋29＝100
20が4つで80
8＋2＋9＋1＝20
あわせて100

日	月	火	水	木	金	土
		1	2	3	4	5
6	7	8	9	10	11	12
13	14	15	16	17	18	19
20	21	22	23	24	25	26
27	28	29	30			

3 答え　36本

犬　　　4×3＝12（本）
ひよこ　2×4＝ 8（本）
たこ　　8×2＝16（本）
合計　　12＋8＋16＝36（本）

4 　答え　どんぶらこ

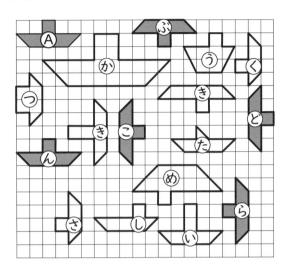

5 　答え　以下の通り

4つの数がわかっている斜めのマスから解くのがポイント。

解説動画

11	24	7	20	3
4	12	25	8	16
17	5	13	21	9
10	18	1	14	22
23	6	19	2	15

【引用文献】
桜木泰自①②⑤『教室熱中！難問１問選択システム２年』P.26（明治図書）
後藤あゆみ③　『新難問・良問＝５題１問選択システム２年』P.95（明治図書）
佐藤尚子④　　『新難問・良問＝５題１問選択システム２年』P.75（明治図書）

★もんだいが5問あります。1問だけえらんでときましょう。

1　0，1，2，3とそれぞれ数字をかいたカードがあります。
　　この4まいのカードをならべなおして，4けたの数をつくります。
　　1番小さい数と2番目に小さい数は何でしょうか。

答え　　　　1番小さい数（　　　　　　　　）

　　　　　2番目に小さい数（　　　　　　　　）

2　たろうさんは，長さ1mのひもをもっています。そのひもの半
　分を友だちにあげました。のこったひもを半分に切り，1本を妹
　にあげました。
　　たろうさんの手もとにのこったひもは何cmでしょうか。

答え（　　　　　　　）cm

3　男の子が，お父さんの手つだいをしています。
　　1本の丸太を2つに切るのに，20分かかりました。
　　もう1本の丸太を4つに切るには，何分かかるでしょうか。

答え（　　　　　　　）分

名前（   ）

4 となりあった数を上からじゅんにたしざんしていくと，1番下が50になりました。

□の中にあてはまる数を書きましょう。

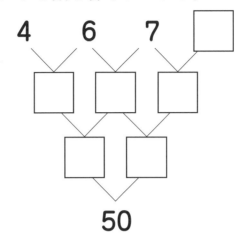

5 左の絵と同じ絵を，右にかきましょう。
はみださないように，きれいにぬりましょう。

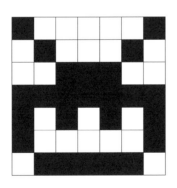 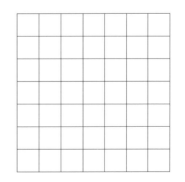

 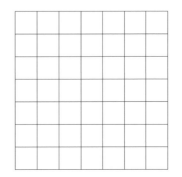

1 　答え　1番小さい数＝1023
　　　　　　2番目に小さい数＝1032

①千の位が1，百の位が0と決める。
（千の位が0，百の位が1は成り立たない）
②十の位，一の位の数字に注目して考える。

2 　答え　25cm

1m（100cm）の半分は50cm。その半分は25cm。

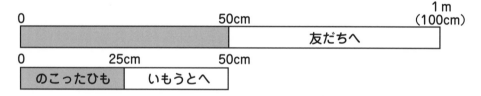

3 　答え　60分

2つに切るということは，切れ目を1つ入れるということである。

4つに切るには，切れ目を3つ入れなければならない。

1回切るのに20分かかるので，3回切るには60分かかる。

4　答え　以下の通り

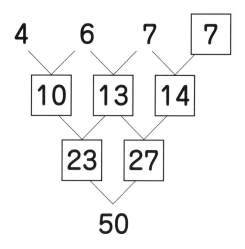

5　答え　下の右図の通り

【引用文献】
野中伸二 1 2 4『教室熱中！難問１問選択システム２年』P.30（明治図書）
佐藤志保 3 　『新難問・良問＝５題１問選択システム２年』P.10（明治図書）
太田麻奈美 5 　『新難問・良問＝５題１問選択システム２年』P.79（明治図書）

★もんだいが5問（もん）あります。1問（もん）だけえらんでときましょう。

1　○と○を，たしざんすると，答えが間の□の数字になります。
　　1〜9までの数字の中から，1回だけつかって，○に入る数字を書きましょう。

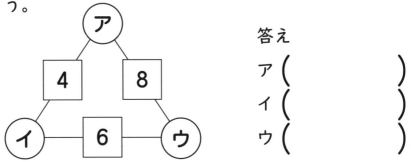

答え
ア（　　　　　）
イ（　　　　　）
ウ（　　　　　）

2　とくべつなさいころの6つのめんに，1・2・3・4・5・6の数字が書いてあります。ころがすと，図のようになりました。
　　1のうらがわの数字は何でしょう。

〈ヒント〉
さいころを
ひらいた図

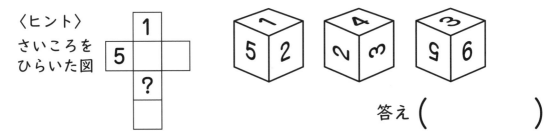

答え（　　　　　）

3　100円玉・50円玉・10円玉・5円玉・1円玉をそれぞれ1まいはつかいます。ぜんぶで15まいつかって，200円にしましょう。

答え
（　　）まい（　　）まい（　　）まい（　　）まい（　　）まい

名前（　　　　　　　　　　　　　　）

4　7頭の牛をこのままにして，3本の直線をひき，1頭ずつべつ
べつのへやに入れます。どのように線を引けばよいでしょうか。
3本の直線を下の図にかきましょう。

〈れい〉
4頭の牛を2本の直線
でへやに入れる

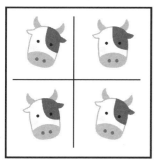

5　となりあう数の大きい方から，小さい方をひいていくと，さい
ごはいくつになるでしょう。

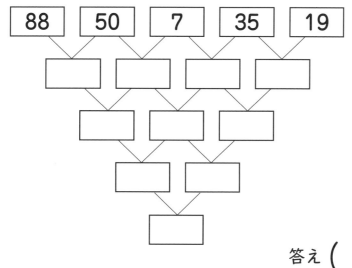

答え（　　　　　　　　）

1 答え　ア＝3　イ＝1　ウ＝5

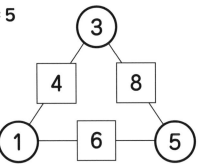

1～9までの数字を1回だけしか
使えないので，④になる組み合わ
せは1と3しかない。
そこから考えるとよい。

2 答え　3

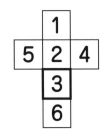

①【左のさいころ】1と5のとなりに2があるから，展開図での2の位置が
　　　　　　　　　わかる。
②【中のさいころ】2のとなりには3か4が入る。
③【右のさいころ】3のとなりが5だから展開図の2の右に4，2の下に3
　　　　　　　　　が入る。

3 答え　以下の通り

（1）まい　（1）まい　（1）まい　（7）まい　（5）まい

それぞれ1枚ずつ5枚使うと166円。200円にするためには，あと
10枚で34円。4円は1円しか使えないので，1円を4枚使う。
残り30円を6枚でつくる。5円を6枚でちょうど30円になる。

解説動画

4 こたえ 以下の通り

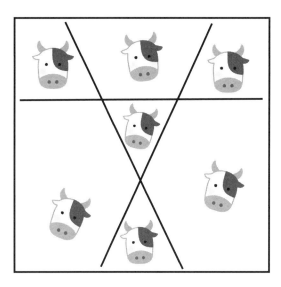

5 答え 7

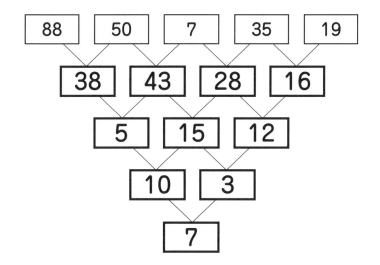

【引用文献】
東光弘 『教室熱中！難問１問選択システム２年』P.34（明治図書）

★もんだいが5<ruby>問<rt>もん</rt></ruby>あります。1<ruby>問<rt>もん</rt></ruby>だけえらんでときましょう。

1 数字をぜんぶたすと，いくつになるでしょう。

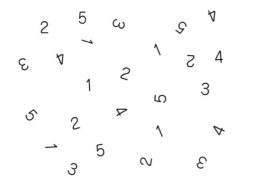

答え（　　　　　）

2 下の図の中に，正方形は，何こあるでしょうか。

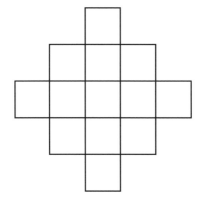

答え（　　　　　）こ

3 この数は何でしょう。

☆24より大きくて，40より小さい数です。
☆4のだんのかけ算九九の答えです。
☆また，8のだんのかけ算九九の答えです。

答え（　　　　　）

名前 （　　　　　　　　　　　　　　　）

4　しんじさん，よしのりさん，しょうじさんが，あめ玉を，もっています。それぞれ，何こもっていますか。

> ぼくは，
> しょうじさんより
> 3こ多くもってるよ。

しんじ

> あと2こあれば，
> ちょうど10こに
> なるよ。

よしのり

> ぼくは，
> よしのりさんより
> 1こ少ないよ。

しょうじ

答え　しんじさん（　　　　　　）こ　　　よしのりさん（　　　　　　）こ

　　　しょうじさん（　　　　　　）こ

5　色いたで形をつくりました。まわりの長さが1番長いのは，①〜③のどれですか。また，何cmですか。

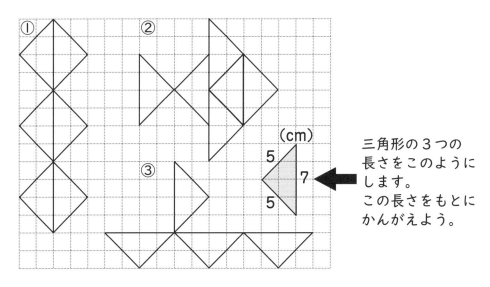

三角形の3つの
長さをこのように
します。
この長さをもとに
かんがえよう。

答え（　　　　　　　）で（　　　　　　　）cm

1　答え　75

1が5個で5
2が5個で10
3が5個で15
4が5個で20
5が5個で25　　　　　　5＋10＋15＋20＋25＝75

2　答え　18こ

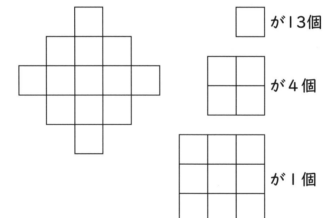

□ が13個

が4個

が1個

13＋4＋1＝18（個）

3　答え　32

（4の段）4　8　12　16　20　24　28　32　36　40
（8の段）　8　　16　　24　　32　　40

24より大きくて40より小さい数にあてはまるのは32である。

4 答え　しんじさん10こ　よしのりさん8こ　しょうじさん7こ

よしのりさんから求めるのがポイント。
①よしのりさんはあと２個で10個になる。10－2＝8（個）
②しょうじさんはよしのりさんより１個少ない。8－1＝7（個）
③しんじさんはしょうじさんより３個多い。7＋3＝10（個）

5 答え　③68cm

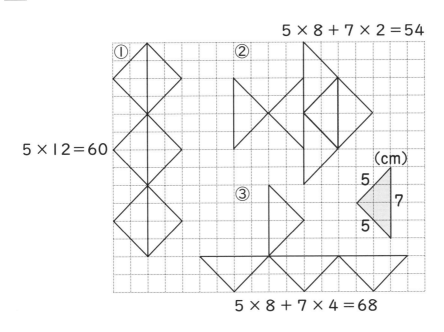

【引用文献】
佐藤敏博 3 5 『教室熱中！難問1問選択システム2年』P.38（明治図書）
楠康司　 1 　『新難問・良問＝5題1問選択システム2年』P.19（明治図書）
宮澤宏祐 2 　『新難問・良問＝5題1問選択システム2年』P.74（明治図書）
平田純也 4 　『新難問・良問＝5題1問選択システム2年』P.67（明治図書）

★もんだいが5問あります。1問だけえらんでときましょう。

1　4まいのカードの中から3まいえらんで、数をつくります。
　500に1番近い数はいくつでしょう。

答え（　　　　　　）

2　下の図のようにサンドイッチの形をしたつみ木があります。
　三角形のめん、四角形のめんはそれぞれいくつずつありますか。

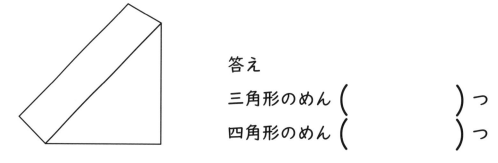

答え
三角形のめん（　　　　　　　）つ
四角形のめん（　　　　　　　）つ

3　かい と かい の間が15だんずつのかいだんがあります。
　まゆみさんはそのかいだんを1かいから5かいまで上がりました。
　まゆみさんはぜんぶでかいだんを何だん上がったのでしょうか。

答え（　　　　　　　）だん

名前 （　　　　　　　　　　　　　　　）

4 ピクニックでぼくじょうへ行きました。
　午前9時に家を出て，45分間歩いて公園につきました。公園で
30分間休んでから25分間歩いてぼくじょうにつきました。
　ぼくじょうについたのは何時何分でしょうか。
　午前か午後をつけて答えましょう。

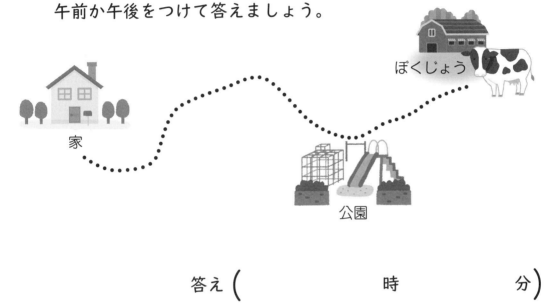

答え （　　　　　　　　時　　　　　　　　分）

5 つぎの□と○にあてはまる数字はいくつでしょうか。

$$
\begin{array}{r}
1\ 6\ \boxed{} \\
-\ \bigcirc\ 9 \\
\hline
8\ 6
\end{array}
$$

答え （□… 　　　　　　　　　）
　　　（○… 　　　　　　　　　）

1 答え 514

まず，500前後の数をつくる。
500以上で１番小さい数は514…①
500以下で１番大きい数は485…②
どちらが500に近いかというと①は差が14。
②は差が15となり，①の方が500に近い。

2 答え 三角形の面２つ 四角形の面３つ

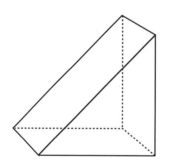

この立体は三角柱である。
したがって，三角形の底面が２つ，
その側面は３つである。

3 答え 60段

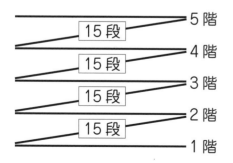

左図の通り，５階まで上がるには，
４回階段を上がることになる。
15＋15＋15＋15＝60
答えは60段となる。

4 答え　午前10時40分

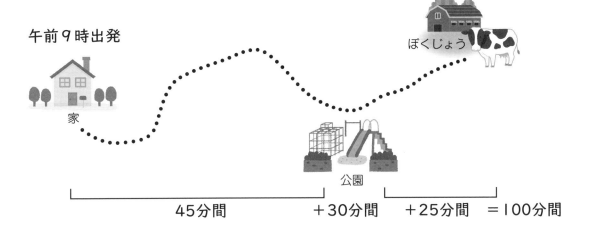

午前9時出発

家

ぼくじょう

公園

|←──── 45分間 ────→|＋30分間 |＋25分間 |＝100分間

100分＝1時間40分
午前9時の1時間40分後は午前10時40分である。

5 答え　□…5　○…7

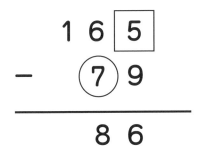

```
   1 6 [5]
 -  (7) 9
 ─────────
     8 6
```

　□はひき算の逆算で6＋9＝15。つまり5が入る。
　○は十の位から一の位に繰り下がりがあることから，15－○＝8となり7になる。

【引用文献】
雪入哲也　『教室熱中！難問1問選択システム2年』P.46（明治図書）

難問 No.9

★もんだいが5問あります。1問だけえらんでときましょう。

1 それぞれのマス目に1から9までの数字を1回ずつ入れて，たて，よこ，ななめの3つの数字をたした答えが同じになるようにしましょう。

〈5と6は，ばしょがきまっています〉

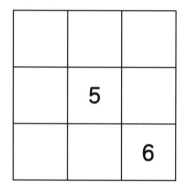

2 下のお星さまの中に三角形は何こあるでしょうか。

答え（　　　　　　）こ

3 ある数に17をたし，4をひくと38になりました。
ある数とはいくつでしょう。

答え（　　　　　　）

名前（　　　　　　　　　　　　　）

4　4と7と9のカードがあります。
　　3つのカードをならべてできる数を，ぜんぶ書きなさい。

答え（　　　　　　　　　　　　　　　　　）

5　1ぴきのキツネと1ぴきのウサギと1このキャベツをもつおじ
さんが川をわたろうとしています。
　　川には小さなふねがありますが，
おじさんのほかにたった1つ
しかのせられません。
　　しかも，キツネとウサギ，ウサギとキャベツのそれぞれは，
2つだけをいっしょにすることはできません。おじさんがいない
と食べられてしまうからです。
　　さて，おじさんはどのように川をわたったらよいでしょうか。
　　（　　）に，ことばを入れましょう。

①（　　　　）といっしょに川をわたり，（　　　　）だけもどってくる。
②（　　　　）といっしょに川をわたり，（　　　　）といっしょにもどっ
　てくる。
③（　　　　）といっしょに川をわたり，（　　　　）だけもどってくる。
④（　　　　）といっしょに川をわたる。

1 答え 以下の通り

4	9	2
3	5	7
8	1	6

4	3	8
9	5	1
2	7	6

2 答え 10

右図の
5 こと，下図の 5 こ。
答えは 10 こ。

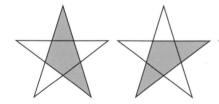

3 答え 25

（□＋17）－4＝38 なので
38 に 4 をたした数から 17 をひけば，はじめの数になる。
38＋4＝42　42－17＝25

4 答え　479　497　749　794　947　974

4からはじまる組み合わせは，479と497

7からはじまる数は，749と794

9からはじまる数は，947と974

5 答え　以下の通り

① （うさぎ）といっしょに川をわたり，（おじさん）だけがもどってくる。

② （きつね）といっしょに川をわたり，（うさぎ）といっしょにもどってくる。

③ （キャベツ）といっしょに川をわたり，（おじさん）だけもどってくる。

④ （うさぎ）といっしょに川をわたる。

解説動画

または

① （うさぎ）といっしょに川をわたり，（おじさん）だけがもどってくる。
② （キャベツ）といっしょに川をわたり，（うさぎ）といっしょにもどってくる。
③ （きつね）といっしょに川をわたり，（おじさん）だけもどってくる。
④ （うさぎ）といっしょに川をわたる。

【引用文献】
竹森正人 1 2 5 『教室熱中！難問1問選択システム2年』P.50（明治図書）
小森幸子 3 　『新難問・良問＝5題1問選択システム2年』P.35（明治図書）
伴　佳代 4 　『教室熱中！難問1問選択システム2年』P.95（明治図書）

★もんだいが5問あります。1問だけえらんでときましょう。

1　・と・をむすんで，正方形をつくります。
　　正方形は何こできますか。

```
•    •    •


•    •    •                     答え (          ) こ


•    •    •
```

2　下の○・□には，数字が入ります。同じきごうには同じ数字が
　入ります。○・□に入る数字は何ですか。

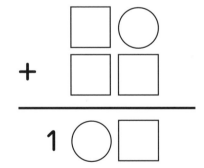

$$+\ \frac{\boxed{}\ \bigcirc}{\boxed{}\ \boxed{}}$$

$$1\ \bigcirc\ \boxed{}$$

3　1〜99までで，5がつく数はぜんぶで何こありますか。

答え (   ) こ

名前（ 　　　　　　　　　　　　 ）

4 おりがみをつぎのように４つにかさねておって，┈┈線で
切ってひらくと，どの形ができますか。下からえらびましょう。

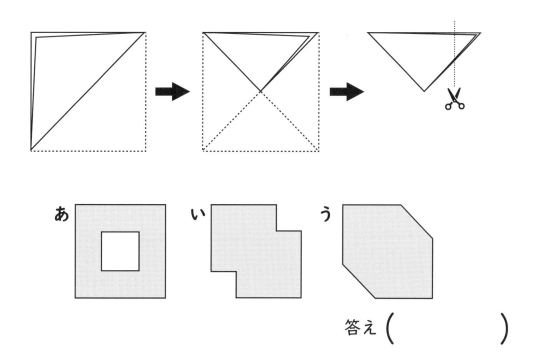

答え（ 　　　　　 ）

5 かがみにうつった時計は，何時何分ですか。

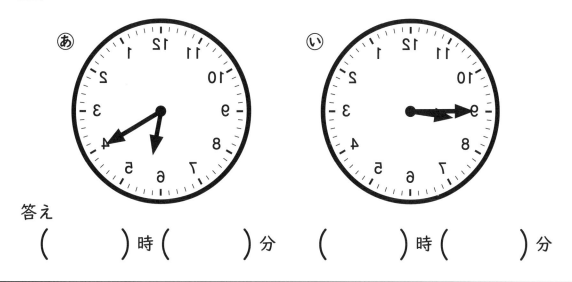

答え
（ 　　　 ）時（ 　　　 ）分 　（ 　　　 ）時（ 　　　 ）分

１ 答え　６こ

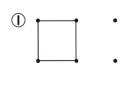

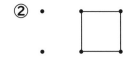

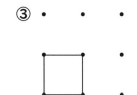

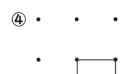

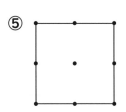

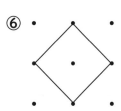

２ 答え　以下の通り

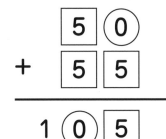

答えの百の位が１であることに気づきたい。

また，一の位の計算で，○＋□の答えは一の位が□であることから，○は０。

○が０とわかれば，□＋□＝10。□は５になる。

３ 答え　19こ

	1	2	3	4	5	6	7	8	9
10	11	12	13	14	15	16	17	18	19
20	21	22	23	24	25	26	27	28	29
30	31	32	33	34	35	36	37	38	39
40	41	42	43	44	45	46	47	48	49
50	51	52	53	54	55	56	57	58	59
60	61	62	63	64	65	66	67	68	69
70	71	72	73	74	75	76	77	78	79
80	81	82	83	84	85	86	87	88	89
90	91	92	93	94	95	96	97	98	99

4 答え　い

あ・うはつぎのように切ると，それぞれの形になる。

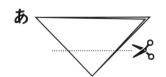 

5 答え　㋐ 5時20分　㋑ 8時45分

　鏡にうつっているのだから左右反対になること。短針，長針に気をつけること。これらをふまえて読み取る。

　または，裏から透かしてみるとよくわかる。

【引用文献】
浅見和良　『教室熱中！難問 1 問選択システム 2 年』P.54（明治図書）

★もんだいが5問あります。1問だけえらんでときましょう。

1 正方形，長方形，三角形は，それぞれ何こありますか。

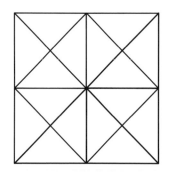

答え

□ 正方形（　　　　　）こ

□ 長方形（　　　　　）こ

◸ 三角形（　　　　　）こ

2 となりどうしをたした数が下の□に入ります。
□にあてはまる数を入れましょう。

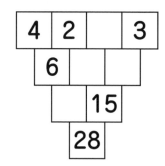

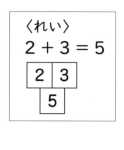

〈れい〉
2 + 3 = 5

2	3
5	

3 おかしを買いに行きました。はじめに，チョコレートを50円で買いました。あたりがでたので，レジで30円もらいました。そして，70円でビスケットを買いました。お金は10円のこりました。はじめにもっていたのは何円ですか。

答え（　　　　　）円

名前 （　　　　　　　　　　　　）

4 ある数の２つぶんに，８をたして，２をひくと，18になります。
　　ある数はいくつですか。

答え （　　　　　　）

5 たてに15こ，よこに15こ，ご石がならんでいます。
　　まん中には，黒のご石がたてに５こ，よこに５こならんでいま
す。白のご石はぜんぶで何こありますか。

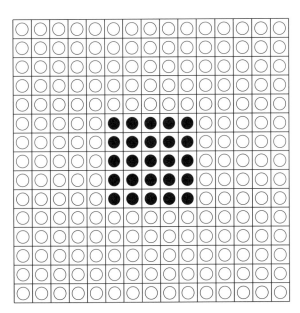

答え （　　　　　　）こ

1　答え　　□ 正方形　　▭ 長方形　　◺ 三角形

（ 10 ）こ　　　　（ 8 ）こ　　　　（ 44 ）こ

解説動画へ

正方形　◺ 4こ　◿ 4こ　✳ 1こ　✳ 1こ

長方形　◺ 4こ　◿ 4こ

三角形　◺ 16こ　◺ 16こ　◺ 8こ　◺ 4こ

2　答え　以下の通り

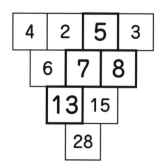

3　答え　100円

つかったお金とのこったお金をたして，あたりでもらったお金のぶんをひけばよい。

〈しき〉　50　＋　70　＋　10　－　30　＝　100

チョコレート　ビスケット　のこったお金　もらったお金　はじめにもっていたお金

4 答え 6

ある数を○とする。

（○＋○）＋8－2＝18で，（○＋○）＋6＝18となる。

18から6をひくと（○＋○），18－6＝12　○＋○＝12で，

○は6とわかる。

5 答え 200こ

下のように分けて考えるとよい。

25のかたまりが4つで100。8つで200。

【引用文献】
荒谷卓朗①③④⑤『教室熱中！難問1問選択システム2年』P.62（明治図書）
門　貴幸②　　　『新難問・良問＝5題1問選択システム2年』P.18（明治図書）

★もんだいが5問あります。1問だけえらんでときましょう。

1　下のひきざんで□の中に同じ数が入ります。
□に入る数は，何でしょうか。

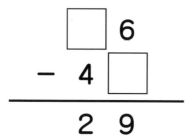

2　がま口さいふの中には，いくら入っているでしょう。

答え（　　　　　　　　）円

3　かがみにうつった時計が，2つあります。何時何分ですか。

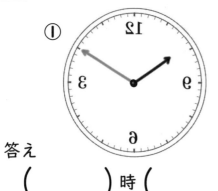

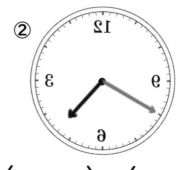

答え

（　　　）時（　　　）分　（　　　）時（　　　）分

名前（　　　　　　　　　　）

4 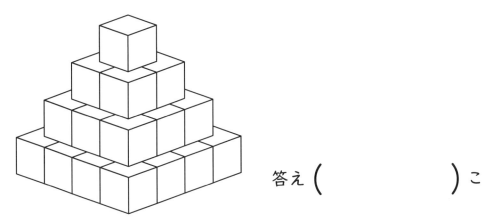のつみ木をかさねて下の形をつくります。
何このつみ木がひつようですか。

答え（　　　　　　　）こ

5　10かいだてのビルがあります。1かいから1人エレベーターに
のりました。2かいで5人のり，3かいで4人のって3人おりま
した。
　5かいで4人のり，6かいをすぎて，8かいで3人のり，9か
いで2人おりました。
　さいごに10かいでぜんいんおりました。10かいでおりたのは
何人ですか。

答え（　　　　　　　）人

解答と解説
No.12

1　答え　以下の通り

$$
\begin{array}{r}
7\ 6 \\
-\ 4\ 7 \\
\hline
2\ 9
\end{array}
$$

2　答え　106円

10円　5枚 → 50円
5円　10枚 → 50円
1円　6枚 →　6円
　　あわせて106円

3　答え　①10時10分　②4時40分

出題＝塩沢博之・塩苅有紀・高橋徹矢

選＝中田優（編集チーム）

4 　答え　30こ

　　１番下の段　　４×４＝16　　16個
　　下から２段目３×３＝9　　　9個
　　下から３段目２×２＝4　　　4個
　　１番上の段　　　　　　　　１個
　　合計　　　　　　　　　　30個

解説動画

5 　答え　12人

　　１階で乗った１人から順番にたし，降りた人はひく。
　　１＋5＋4－3＋4＋3－2＝12

【引用文献】
塩沢博之 ①③④『教室熱中！難問１問選択システム２年』P.66（明治図書）
塩苅有紀 ②　　 『教室熱中！難問１問選択システム２年』P.58（明治図書）
高橋徹矢 ⑤　　 『新難問・良問＝5題１問選択システム２年』P.70（明治図書）

★もんだいが５問あります。１問だけえらんでときましょう。

1 下の形の中に，三角形は何こありますか。

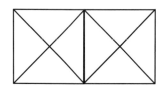

答え（　　　　　　　）こ

2 計算をしていたら，ノートを虫に食べられてしまいました。
食べられたところの数字は，何だったのでしょうか。

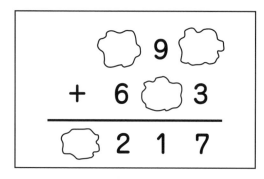

3 ツルには足が２本，カメには足が４本あります。
ツルとカメがあわせて７ひきいました。７ひきの足の数をたすと20本でした。さて，ツルは何ひき，カメは何ひきいたのでしょうか。

答え　ツル（　　　　）ひき　カメ（　　　　）ひき

名前（　　　　　　　　　　　　　　　　）

4 ある形を上，よこ，前から見てみると，図のように見えました。
さて  のブロックがいくつつかわれてできているのでしょうか。

（上から見た図）

（よこから見た図）

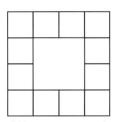

（前から見た図）

答え（　　　　　　　　　）こ

5 線の上に数が３つあります。どこの線の数をたしても，答えが
同じになるようにします。□に数を書きましょう。（□の中に
は，11・12・13・14・15・16の数が1回ずつ入ります。）

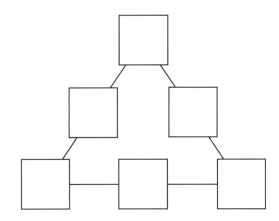

1 答え　18こ

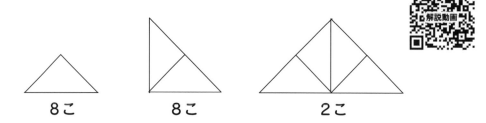

8こ　　　　8こ　　　　　2こ

2 答え　以下の通り

虫食い算である。一の位から逆算していけば，答えが分かってくる。

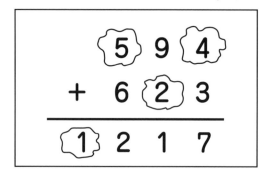

3 答え　ツル4ひき　カメ3ひき

鶴亀算である。7匹の図をかいて，足を付けていく。

最初は全部2本である。余った数を2本ずつ付け加えていく。

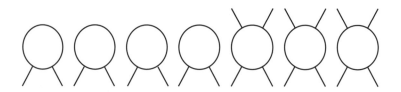

4 答え　56こ

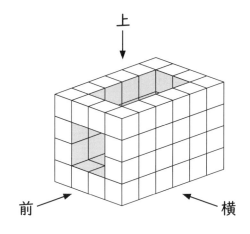

上

前　　　　横

横以外は，穴があいている。
横　4×6×2＝48

間にはさまっている部分
2×4＝8

48＋8＝56

5 答え　以下の通り

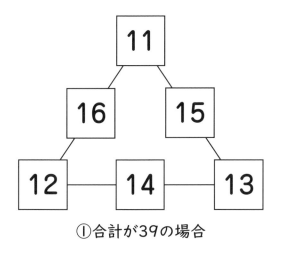

①合計が39の場合

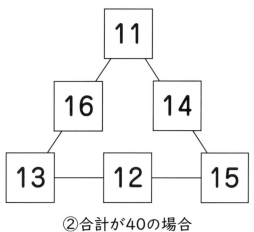

②合計が40の場合

【引用文献】
福田一毅②③④⑤『教室熱中！難問１問選択システム２年』P.70（明治図書）
鯵坂菜月①　　　『新難問・良問＝５第１問選択システム２年』P.79（明治図書）

★もんだいが5問あります。1問だけえらんでときましょう。

1　2，9，5，0と書かれた4まいのカードをつかって，4けたの数をつくります。

　　1番大きい数は何でしょう。また，1番小さい数は何でしょう。

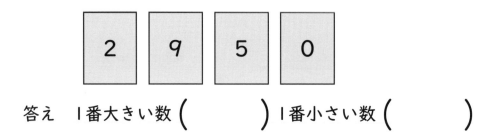

答え　1番大きい数（　　　　　）1番小さい数（　　　　　）

2　おり紙を4まいに切ります。広さがちがう切り方をしているのは，何番のおり紙でしょう。

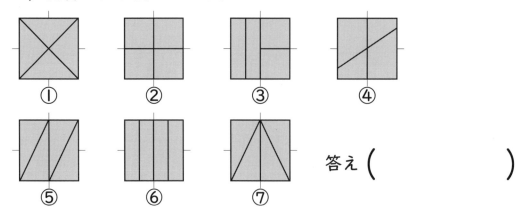

答え（　　　　　　　　　）

3　クラスのみんなで，せのじゅんに1れつにならびます。
　　わたしは，前から数えて10番目，後ろから数えると12番目です。
　　みんなで何人ならんでいるでしょう。

答え（　　　　　）人

4　ぼくは今日の午後，さんぽに３時間も行ってきました。
　　しゅっぱつした時こくと，帰ってきた時こくをえらんで，きごうで答えましょう。

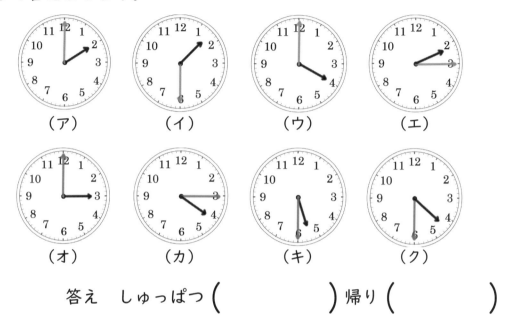

（ア）　　　　（イ）　　　　（ウ）　　　　（エ）

（オ）　　　　（カ）　　　　（キ）　　　　（ク）

　　　答え　しゅっぱつ（　　　　　　）帰り（　　　　　　　）

5　答えが12になるところに，色をぬりましょう。
　　何が出てくるかな。

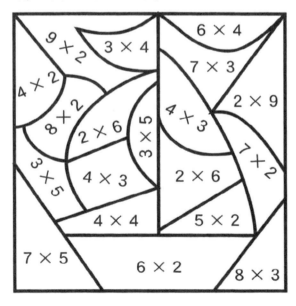

答え（　　　　　　　　　）

1 答え　1番大きい数 ９５２０
　　　　1番小さい数 ２０５９

2 答え　④

※子どもにやらせる前に，「形がちがう」のではなく，
「広さがちがう」ということを強調してください。

3 答え　21人

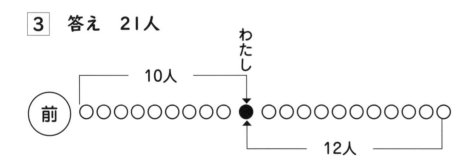

解説動画

10＋12＝22
22－1＝21

4　答え　しゅっぱつ（イ）　帰り（ク）

（イ）は１時30分。

（ク）は４時30分。

（イ）と（ク）の間は３時間。

5　答え　ヨット

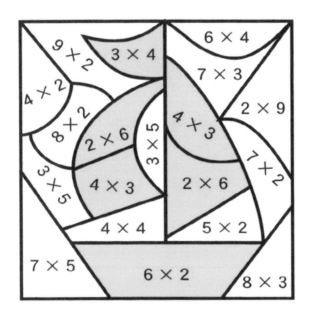

【引用文献】
岩野節男　『教室熱中！難問１問選択システム２年』P.74（明治図書）

難問 No.15

★もんだいが5問あります。1問だけえらんでときましょう。

1 あ～きを長いじゅんにならべましょう。

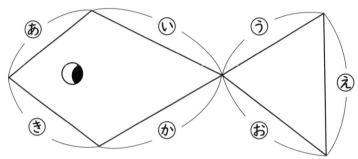

答え

$($ $) \rightarrow ($ $) \rightarrow ($ $) \rightarrow ($ $) \rightarrow ($ $) \rightarrow ($ $) \rightarrow ($ $)$

2 正方形の広さを半分にする分け方を，8こいじょう見つけましょう。

〈れい〉

2 0・1・2・3・4・5・6・7・8・9の10まいのカードがあります。
　すべてのカードを1回ずつつかって，右の3つのしきをかんせいさせましょう。

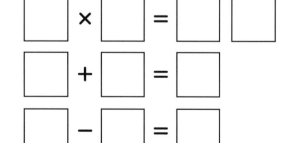

名前（　　　　　　　　　　　　　　　　　）

4　直線を２本引いて，どのぶぶんも木が３本，家が１けんになる
　　ようにしましょう。

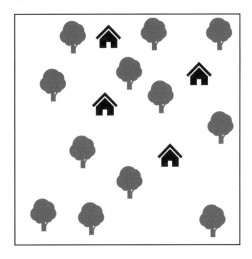

5　スタートからゴールまで，お金をひろいながらすすみます。
　　ちょうど90円になるには，どのようにすすめばよいでしょう。
　　進む道を線でたどりましょう。
　　ただし，同じ道は１回しか通れません。また，⊗も通れません。

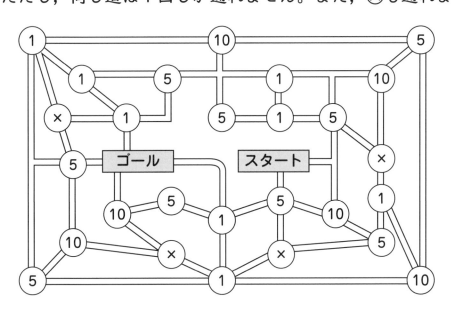

1 答え　い→か→え→お→う→き→あ

定規でていねいに測れば，解ける問題である。

2 答え　以下の通り（別解あり）

これ以外でも面積を半分に分けることができていれば正解。

 解説動画

3 答え　以下の通り

（A）$4 \times 5 = 20$

　　（5×4）

　　$1 + 7 = 8$

　　（$7 + 1$）

　　$9 - 6 = 3$

　　（$9 - 3 = 6$）

（B）$4 \times 5 = 20$

　　（5×4）

　　$3 + 6 = 9$

　　（$6 + 3$）

　　$8 - 7 = 1$

　　（$8 - 1 = 7$）

4 答え　以下の通り

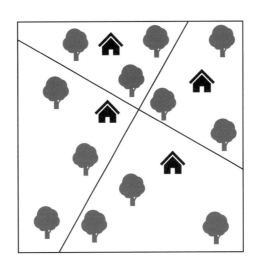

5 答え　以下の通り

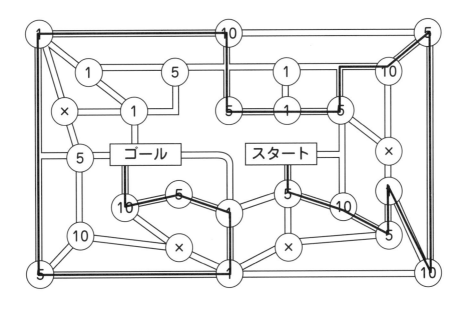

【引用文献】
後藤あゆみ　『教室熱中！難問１問選択システム２年』P.78（明治図書）

難問 No.16

★もんだいが5問あります。1問だけえらんでときましょう。

1 数がきまったじゅんばんにならんでいます。
□の中にあてはまる数を書きましょう。

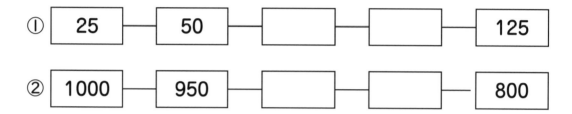

① | 25 | 50 | | | 125 |

② | 1000 | 950 | | | 800 |

2 時計がかがみにうつっています。何時何分ですか。

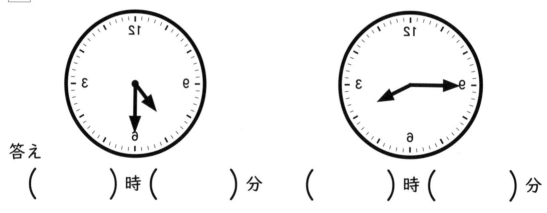

答え
( ) 時 ( ) 分　　( ) 時 ( ) 分

3 ひごをつかって下の形を作ります。ひごはそれぞれ何本いりますか。

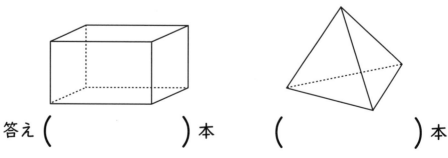

答え ( ) 本　　( ) 本

名前（　　　　　　　　　　　　　　　　）

4 4人で玉入れをしました。
1番多く入れたじゅんばんに名前を書きましょう。

えみさんより，
1つ少なかったよ。

ゆうた

たくやくんより，
多く入れたよ。

えみ

ゆうたくんより，
少なかったよ。

たくや

えみさんより，
多く入れたわ。

みか

答え　①（　　　　　）②（　　　　　）③（　　　　　）④（　　　　　）

5 大きいはこの中に小さいはこは何こ入りますか。

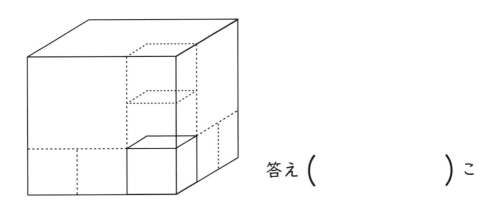

答え（　　　　　　）こ

1 こたえ　以下の通り

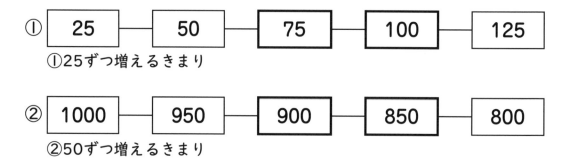

① | 25 | 50 | 75 | 100 | 125 |

①25ずつ増えるきまり

② | 1000 | 950 | 900 | 850 | 800 |

②50ずつ増えるきまり

2 答え　以下の通り

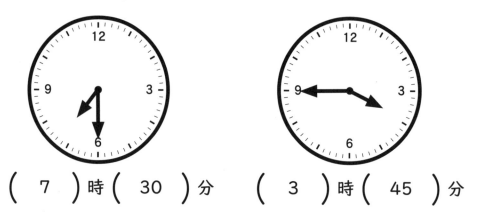

（ 7 ）時（ 30 ）分　　（ 3 ）時（ 45 ）分

3 答え　以下の通り

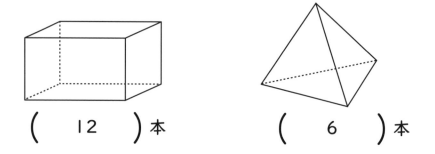

（ 12 ）本　　　（ 6 ）本

4 答え　①みか　②えみ　③ゆうた　④たくや

ゆうたは，えみより少ない。

たくやはさらにゆうたよりも少ない。

みかはえみより多い。

よって，みか→えみ→ゆうた→たくやの順になる。

5 答え　27こ

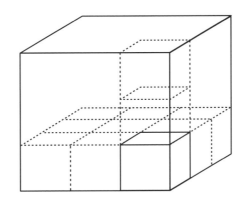

大きな箱の底に小さな箱は，

3×3＝9だから，9こ入る。

それが3段分あるので，

9×3＝27だから，全部で27個入る。

【引用文献】
佐藤尚子　『教室熱中！難問1問選択システム2年』P.82（明治図書）

★もんだいが5問あります。1問だけえらんでときましょう。

1 下の図の中に三角形は何こあるでしょう。

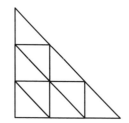

答え（　　　　　　　）こ

2 7人でクッキーを分けます。
1人6こずつ分けると3こたりません。
クッキーの数は何こでしょう。

答え（　　　　　　　）こ

3 下のしきでは計算がおかしくなっています。
マッチを1本だけうごかして正しい答えになるようにしましょう。

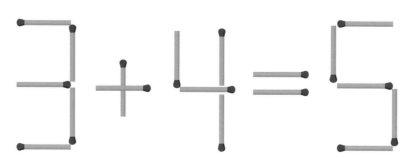

4　○，□，△に入る数はいくつですか。

$$
\begin{array}{r}
○\,7\,3 \\
+\ 2\,□\,8 \\
\hline
7\,1\,△
\end{array}
$$

答え　○＝（　　　　　）□＝（　　　　　）△＝（　　　　　）

5　くだものが２つずつおさらにのっています。
　ぶどう１つとメロン１つとみかん１つをあわせただい金は，いくらになるでしょう。

ぶどう・メロン

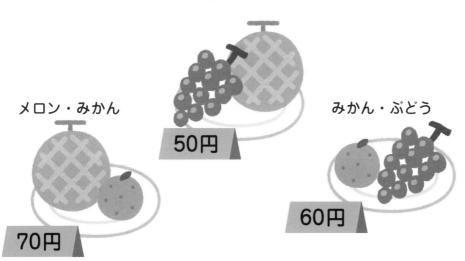

メロン・みかん

50円

みかん・ぶどう

60円

70円

答え（　　　　　）円

1 答え　13こ

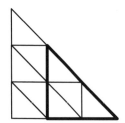

一番小さな三角形1つからなる三角形…9こ
一番小さな三角形4つからなる三角形…3こ
一番小さな三角形9つからなる三角形…1こ

合計　13こ

2 答え　39こ

6個ずつ7人に配ることができたとすると，
6×7＝42
実際は42個より3個少ないので，
42−3＝39

3 答え　以下の通り

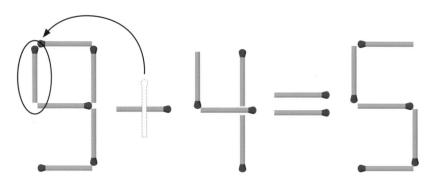

4 答え ○＝4，□＝3，△＝1

$$
\begin{array}{r}
④\ 7\ 3 \\
+\ 2\ ③\ 8 \\
\hline
7\ 1\ ①
\end{array}
$$

（一の位の数）
3＋8＝11
だから，△に入る数は「1」。
（十の位の数）
7＋□＋1＝11（左辺の1は繰り上がり）
だから，□に入る数は「3」。
（百の位の数）
○＋2＋1＝7（左辺の1は繰り上がり）
だから，○に入る数は「4」。

5 答え 90円

ぶどうを■，メロンを▲，みかんを●とすると，
次の式が成り立つ。
■＋▲＝50
▲＋●＝70
●＋■＝60
すべてのおさらのくだものを買ったとすると，
■＋▲＋▲＋●＋●＋■＝50＋70＋60
この式は，「それぞれ2つずつ買うと180円」ということを表している。
したがって，
ぶどう，メロン，みかん，それぞれ1つの合計は半分の90円となる。

【引用文献】
中地直樹 1 3 4 5『教室熱中！難問1問選択システム2年』P.86（明治図書）
越智鈴穂 2 　　　『新難問・良問＝5題1問選択システム2年』P.90

★もんだいが5問あります。1問だけえらんでときましょう。

1　みかさん，あやさん，りえさん，さおりさんが，もっているえんぴつの数について話しています。4人のえんぴつを，ぜんぶ合わせると何本になりますか。

> わたしは，あやさんより2本多いの。

みか

> わたしは，りえさんより5本少ないの。

あや

> わたしは，ちょうど1ダースもっているわ。

りえ

> わたしは，あやさんより多くて，みかさんより少ないの。

さおり

答え（　　　　　　）本

2　1 2 3 4 5 6 7 8 9　の9まいのカードをならべて，ひっさんを作りました。あいているところに，のこりのカードを入れて正しいしきにしましょう。

同じカードは
つかえません。→

```
    □ □ □
  + 2 1 □
  ─────────
    6 □ 3
```

3　うしろから見た，さいころの目をたすと，いくつになりますか。

> さいころのむかい合う面の数をたすと，いつも7になります。
> 例えば，⚁とむかい合うめんは⚄です。

答え（　　　　　　　　）

4 答えの正しいへやだけ通れます。どのへやを通ればよいですか。
赤えんぴつでたどりましょう。

スタート →

27 +　2 29	38 −　5 33	14 +　3 11	77 −　5 71
36 +41 67	70 −　9 61	45 +21 66	80 −　7 73
25 +55 70	21 −　4 25	12 +48 50	41 −　5 36
29 +18 11	91 −38 63	36 +27 63	63 −26 37

ゴール

5 はたがバラバラになってしまいました。はたのぼうのぶぶんを，
みじかいじゅんに，ならべましょう。

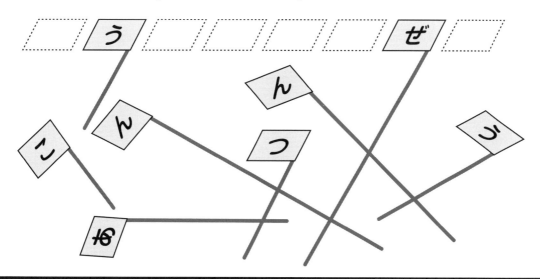

1　答え　36本

①りえさん　・・・12本
②あやさん　・・・12－5＝7（本）
③みかさん　・・・7＋2＝9（本）
④さおりさん・・・7より多くて，9より少ない数は8（本）。
⑤12＋7＋9＋8＝36（本）

2　答え　以下の通り

解説動画

```
   4 7 5              4 7 8
 + 2 1 8    または   + 2 1 5
 ───────             ───────
   6 9 3              6 9 3
```

3　答え　13

①1と向かい合うのは「6」
②4と向かい合うのは「3」
③3と向かい合うのは「4」
④6＋3＋4＝13

出題＝太田麻奈美・渡辺佳起・塩苅有紀

選＝竹内大輔（編集チーム）

4 答え　以下の通り

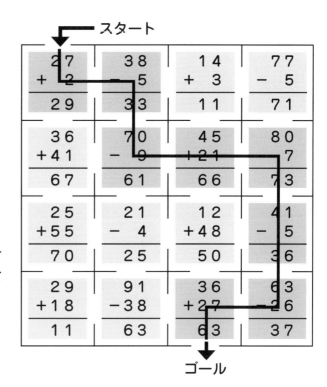

ゴールの方からスタートに向かって計算していくとわかりやすい。

5 答え　以下の通り

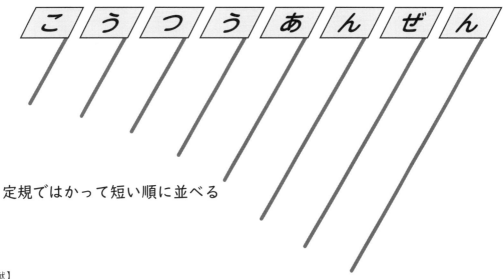

定規ではかって短い順に並べる

【引用文献】
太田麻奈美 1 2 4 『教室熱中！難問１問選択システム２年』P.90（明治図書）
渡辺佳起　　3 　　『新難問・良問＝５題１問選択システム２年』P.107（明治図書）
塩苅有紀　　5 　　『教室熱中！難問１問選択システム２年』P.58（明治図書）

難問 No.19

★もんだいが5問あります。1問だけえらんでときましょう。

1 ○, △, □に入る数字は, いくつでしょうか。

$$
\begin{array}{r}
5\ \bigcirc\ 4 \\
-\ 2\ 8\ \triangle \\
\hline
\square\ 4\ 5
\end{array}
$$

答え　○ = (　　　　　) △ = (　　　　　) □ = (　　　　　)

2 数字のカードが4まいあります。たしたりひいたりして, 答えが10になるしきをつくりましょう。カードは, それぞれ1回だけつかえます。

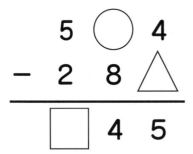

3　5　2　6

答え (　　　　　　　　　　　　　　　　　)

3 正方形は, ぜんぶで何こありますか。

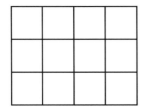

答え (　　　　　) こ

4 かがみにうつった時計が２つあります。何時何分ですか。

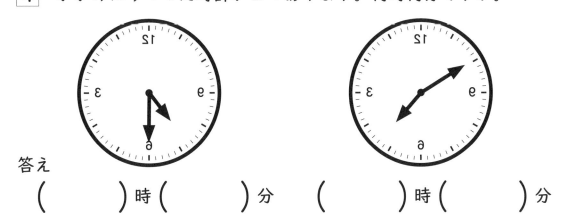

答え

（　　　　　）時（　　　　　）分　　（　　　　　）時（　　　　　）分

5 となりあった数をたし算して，１番下まで計算をしていきましょう。

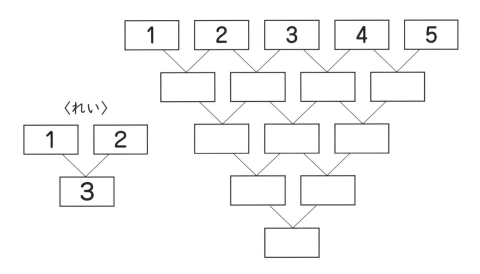

〈れい〉

1 答え　○＝3　△＝9　□＝2

$$
\begin{array}{r}
5\ ③\ 4 \\
-\ 2\ 8\ ⑨ \\
\hline
\boxed{2}\ 4\ 5
\end{array}
$$

2 答え　以下の通り（別解あり）

$$\boxed{6}+\boxed{2}+\boxed{5}-\boxed{3}=10$$

$$\boxed{5}-\boxed{3}+\boxed{6}+\boxed{2}=10$$

$$\boxed{5}+\boxed{2}+\boxed{6}-\boxed{3}=10\quad など多数$$

3 答え　20こ

$$□\cdots\cdots12$$

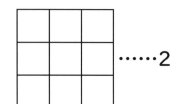

12＋6＋2＝20（こ）

4 答え　以下の通り

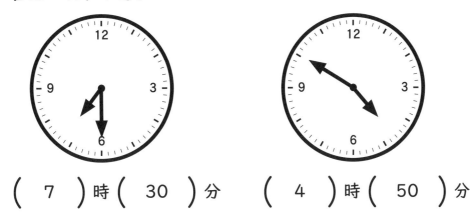

（ 7 ）時（ 30 ）分　　（ 4 ）時（ 50 ）分

5 答え　以下の通り

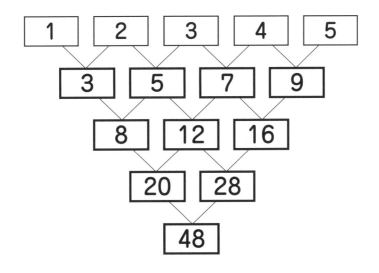

【引用文献】
酒庭和夫　『教室熱中！難問１問選択システム２年』P.106（明治図書）

難問 No.20

★もんだいが5問あります。1問だけえらんでときましょう。

1 たてとよこをそれぞれたしざんすると，同じ答えになります。
△・□・☆は，それぞれ同じ数字です。△・□・☆は，どんな数でしょう。

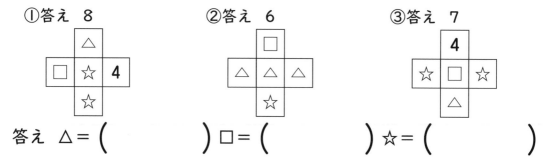

①答え 8

②答え 6

③答え 7

答え △ = (　　　　　) □ = (　　　　　) ☆ = (　　　　　)

2 黒くぬったところが，もとの大きさの半分になるのは，どれでしょう。3つえらびましょう。

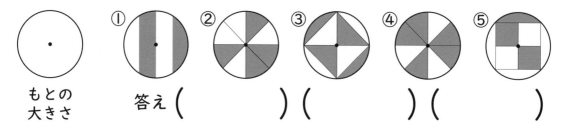

もとの
大きさ

答え (　　　　) (　　　　) (　　　　)

3 ひよこが生まれ，かけざんの九九の答えがきえてしまいました。生まれたひよこのたまごのからには，何と書いてあったのでしょうか。

①7のだん

②3のだん

③6のだん

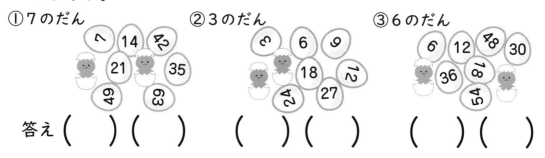

答え (　　　) (　　　)　(　　　) (　　　)　(　　　) (　　　)

名前（　　　　　　　　　　　　）

4　１から９までの数字を１回ずつつかって，□の中に入れましょう。ただし，１と２，２と３，３と４のように，となり合う数字が，上下左右となり合ってはいけません。

① 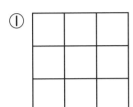　② 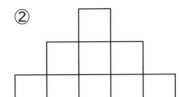　③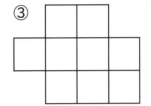

④ 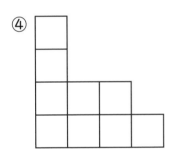　⑤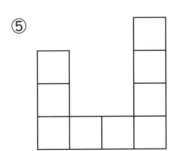

5　マッチぼうを１本うごかして，正しいしきと答えにしましょう。

①

②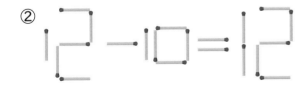

③

1 答え △＝2　□＝1　☆＝3

②から，△が3つで6になるので，△＝2。
③の縦に△の2を入れると，4＋□＋2＝7となり，□＝1。
①の縦に△の2を入れると，2＋☆＋☆＝8となり，☆＝3。

①答え　8

	2	
1	3	4
	3	

②答え　6

	1	
2	2	2
	3	

③答え　7

	4	
3	1	3
	2	

解説動画

2 答え　①②③

3 答え　①28・56　②15・21　③24・42

4 答え　以下の通り（別解あり）

①
5	1	3
8	6	9
4	2	7

②
	1		
5	7	4	
3	9	2	8	6

③
	8	3	
5	1	9	6
	4	7	2

④
1			
9			
5	2	6	
3	8	4	7

⑤
			1
8			5
6			2
9	3	7	4

5 答え　以下の通り

① 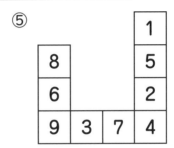 正　9－5＝4

②  正　2＋10＝12
　　　　　　　（別解　12＋0＝12）

③ 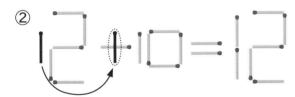 正　9－3＝6
　　　　　　　（別解　3＋3＝6）

【引用文献】
金子史　『教室熱中！難問1問選択システム2年』P.110（明治図書）

【データの読解力問題】

① 下の図で，１番下の▲が２まいのとき，△があと２まいあれば，大きな三角形をつくることができます。では，１番下の▲が３まいだったら，大きな三角形をつくるために，▲と△は，ぜんぶで何まいひつようですか。

答え（　　　　　　　）まい

② １から100までの数のうち，１のつく数は何こですか。

答え（　　　　　　　）こ

③ ある店では，10日ごとにセールをおこなっています。たとえば，ある月の５日にセールがおこなわれるとき，つぎのセールはその月の15日におこなわれます。

　１回目のセールが４月１日月曜日におこなわれるとき，４回目のセールは何月何日何曜日ですか。

月	火	水	木	金	土	日
4／1	2	3	4	5	6	7

答え（　　　　）月（　　　　　）日（　　　　　）曜日

名前（　　　　　　　　　　　　　　　　　　）

4 わなげの台があります。いちろうくんは，5回なげて100点に
なりました。どこに，何こ入ったのでしょうか。

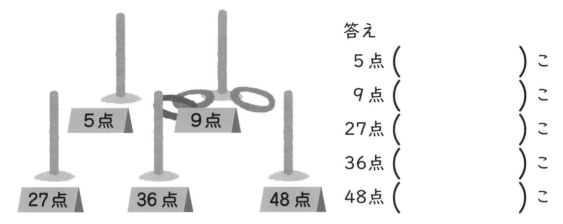

答え
5点（　　　　　）こ
9点（　　　　　）こ
27点（　　　　　）こ
36点（　　　　　）こ
48点（　　　　　）こ

5 クラス33人に，すきなあそびを聞きました。
1番人気のあるあそびは何で，何人いますか。

ドッジボール	ドッジボール	ラインサッカー
ハンドベース	ラインサッカー	ラインサッカー
ドッジボール	キックベース	ハンドベース
ラインサッカー	キックベース	ドッジボール
ドッジボール	ラインサッカー	ハンドベース
ラインサッカー	ドッジボール	ラインサッカー
ドッジボール	ラインサッカー	キックベース
ハンドベース	ハンドベース	キックベース
ドッジボール	ラインサッカー	ハンドベース
キックベース	ドッジボール	キックベース
ハンドベース	キックベース	ラインサッカー

答え　あそび（　　　　　　　　　　）（　　　　　　）人

6　50円をもって，おかしを買いに行きました。できるだけおつり
が少なくなるように，買いものをします。
　　何と何を買えばよいでしょう。同じものは，買いません。

スルメ	24円
チョコレート	37円
ガム	9円
アメ	7円
クッキー	23円

答え（　　　　　　と　　　　　　）

7　ご石を下の図のように黒2こ，白3こ，黒2こ，白3こ…と，
ならべていきます。ご石をぜんぶで50こならべたとき，白いご石
は何こありますか。

●●○○○●●○○○●●○○○…

答え（　　　　　　）こ

8　風船に，3つの数が書かれています。あるやり方で計算する
と，〈れい〉のように，かごの中に数が入ります。そのやり方を
つかって，右がわの気きゅうのかごに入る数を入れましょう。

〈れい〉
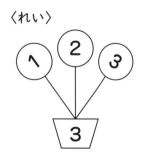

①
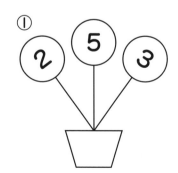

②
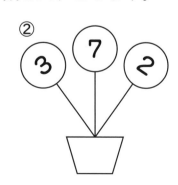

名前 （   ）

9 下のわくの中に，１から100までを入れたはずなのに，いくつかわすれてしまいました。わすれた数は何ですか。

1	17	48	65	18	26	72	55	64	90
31	86	73	54	2	20	40	16	92	41
81	3	95	39	66		19	76	21	68
53	85	27	96	25	15	36	13	32	49
30	77	5	67	4	91	63	99	69	22
82	6		37	100	14	44	34		57
51	38	97	28	47	24	35	71	33	12
62	7	46	98	42	79	10	58	50	60
45	80	89	70	88		61	94	78	83
29	8	75	52	9	43	87	84	59	

答え （   ）

10 さとしくんは，５才です。お兄ちゃんは８才で，お母さんは32才です。さとしくんとお兄ちゃんのねんれいの合計が，お母さんといっしょになるのは，何年後ですか。

	さとし	＋	お兄ちゃん	＝合計	お母さん
（ことし）	5	＋	8	＝13	32
（１年後）	6	＋	9	＝15	33
（２年後）	7	＋	10	＝17	34
⋮	⋮		⋮	⋮	⋮

答え （   ）年後

1 答え 9まい

2 答え 20こ

1のつく数を書き出してみる。すると，以下の通りになる。
1,10,11,12,13,14,15,16,17,18,19,21,31,41,
51,61,71,81,91,100

3 答え 5月1日水曜日

カレンダーを使って，考えるとよい。

月	火	水	木	金	土	日
4／1	2	3	4	5	6	7
8	9	10	11	12	13	14
15	16	17	18	19	20	21
22	23	24	25	26	27	28
29	30	5／1	2	3	4	5

4 答え　　5点2こ
　　　　　　9点0こ
　　　　　27点2こ
　　　　　36点1こ
　　　　　48点0こ

（5×2）＋（27×2）＋36＝100

　それぞれの輪なげの台に1こずつ輪が入ったと仮定する。
合計が125点になる。100点にするために，25点を減らさなければならない。
　48点の輪を27点の台に移動し，9点の輪を5点の台に移動すれば25点減る。よって100点となる。

5 答え　ラインサッカー10人

　それぞれの種目について，数えていけばよい。
　その他は以下の通り。
　　ドッジボール・・・9人
　　ハンドベース・・・7人
　　キックベース・・・7人

【引用文献】
藤本康雄①②『向山型算数教え方教室』2009年12月号 P.68（明治図書）
カリタス女子中学校③ 2019年度入試問題
中地　強④　『教室熱中！難問1問選択システム2年』P.43（明治図書）
千野　毅⑤　『向山型算数教え方教室』2006年6月号 P.68（明治図書）

6 答え　スルメとクッキー

①スルメとクッキー　　24円＋23円＝47円
②ガムとチョコレート　 9円＋37円＝46円
③アメとチョコレート　 7円＋37円＝44円

①が50円に1番近い。

7 答え　30こ

関係を表にすると，以下の通りになる。

並べる個数	5	10	15	20	25	30	35	40	45	50
黒のご石	2	4	6	8	10	12	14	16	18	20
白のご石	3	6	9	12	15	18	21	24	27	30

　太枠の中の数を基準とする。基準を2倍にすると，白のご石も黒のご石も2倍になる。したがって，基準を10倍にすれば，求められる。

8 答え　①5　②6

　「3つの風船の数をたした半分」が「かごの中の数」になる。
よって，①は10の半分の5，②は12の半分の6となる。

9 答え　11, 23, 56, 74, 93

根気よく印をつけ，確認しながら数えていく。

10 答え　19年後

関係を表にすると，以下の通りになる。

	さとし	お兄ちゃん	合計	お母さん
ことし	5	8	13	32
1年後	6	9	15	33
2年後	7	10	17	34
3年後	8	11	19	35
18年後	23	26	49	50
19年後	24	27	51	51

合計が2ずつ増えていくことに気づくと問題が早く解ける。

【引用文献】
藤本康雄6『向山型算数教え方教室』2009年12月号 P.68（明治図書）
宇都宮短期大学付属中学校7 2015年度入学試験問題
大島英明8『教室熱中！難問1問選択システム2年』P.99（明治図書）
松山英樹9『向山型算数教え方教室』2007年6月号 P.68（明治図書）
豊田亮平10『新難問・良問5題＝1問選択システム2年』P.18（明治図書）

1 ロボットがプログラムにしたがって，スタートします。
通ったじゅんに文字をつなげてできたことばは何でしょう。

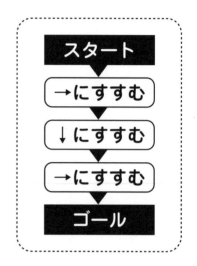スタート	い	な
こ	ち	ご
め	だ	か

答え（　　　　　　　）

スタート
→にすすむ
↓にすすむ
→にすすむ
ゴール

2 ロボットがプログラムにしたがって，スタートします。
通ったじゅんに文字をつなげてできたことばは何でしょう。

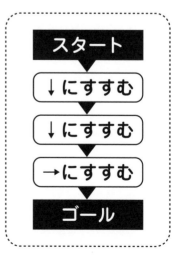スタート	た	こ
み	か	ん
ぞ	れ	ぶ

答え（　　　　　　　）

スタート
↓にすすむ
↓にすすむ
→にすすむ
ゴール

3 ロボットがプログラムにしたがって，スタートします。
通ったじゅんに文字をつなげてできたことばは何でしょう。

い	ろ	し	う
し	く	スタート	ふ
だ	ま	ろ	く
い	う	か	お

答え（　　　　　　　　　　　）

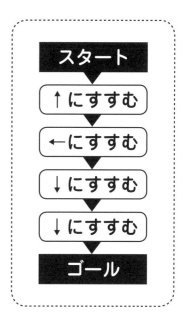

4 ロボットがプログラムにしたがって，スタートします。
通ったじゅんに文字をつなげてできたことばは何でしょう。

り	だ	り	わ
あ	スタート	ひ	ま
や	し	や	だ
め	ん	す	ね

答え（　　　　　　　　　　　）

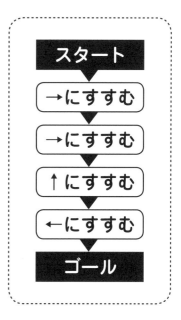

5 ひょうの「あんごう」をつかって，数字を文字にして答えましょう。

数字	1	2	3	4	5	6	7	8	9
文字	き	に	む	の	さ	り	ら	も	ま

答え　①284　（　　　　　　）

②3751　（　　　　　　）

③4691　（　　　　　　）

6 ひょうの「あんごう」をつかって，文字を数字にして答えましょう。

数字	1	2	3	4	5	6	7	8	9
文字	が	く	し	え	ざ	め	ら	い	ま

答え　①まくら　（　　　　　　）

②えいが　（　　　　　　）

③めざまし（　　　　　　）

7 ひょうの「あんごう」をつかって，数字を文字にして答えましょう。

数字	1	2	3	4	5	6	7	8	9
文字	ロ	ラ	イ	ッ	カ	パ	メ	ト	ス

答え　①572　（　　　　　　）

②935　（　　　　　　）

③63148（　　　　　　）

名前（　　　　　　　　　　　　　　　　）

8　しりとりになるように，4まいのカードをじゅんばんにならべましょう。

いるか	かい	かさ	さる

答え　①（　　　　　　　　　）→②（　　　　　　　　　）
　　→③（　　　　　　　　　）→④（　　　　　　　　　）

9　しりとりになるように，4まいのカードをじゅんばんにならべましょう。

つみき	きつつき	こたつ	きつね

答え　①（　　　　　　　　　）→②（　　　　　　　　　）
　　→③（　　　　　　　　　）→④（　　　　　　　　　）

10　しりとりになるように，4まいのカードをじゅんばんにならべましょう。

すいか	りす	かぞく	くり	くるま

答え　①（　　　　　　　　　）→②（　　　　　　　　　）
　　→③（　　　　　　　　　）→④（　　　　　　　　　）
　　→⑤（　　　　　　　　　）

1 答え　いちご

	い	な
こ	ち	ご
め	だ	か

スタート（ロボット）は左上。

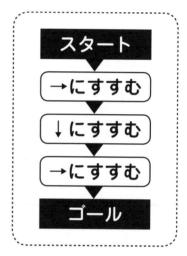

スタート
→にすすむ
↓にすすむ
→にすすむ
ゴール

2 答え　みぞれ

	た	こ
み	か	ん
ぞ	れ	ぶ

スタート
↓にすすむ
↓にすすむ
→にすすむ
ゴール

③　答え　しろくま

い	ろ	し	う
し	く		ふ
だ	ま	ろ	く
い	う	か	お

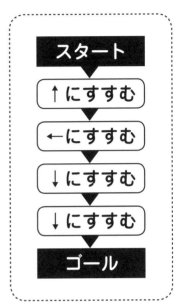

スタート

↑にすすむ

←にすすむ

↓にすすむ

↓にすすむ

ゴール

④　答え　ひまわり

り	だ	り	わ
あ		ひ	ま
や	し	や	だ
め	ん	す	ね

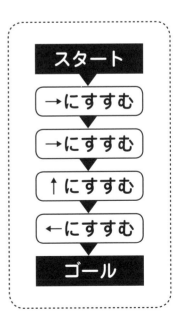

スタート

→にすすむ

→にすすむ

↑にすすむ

←にすすむ

ゴール

5 答え ①284 （　　にもの　　）

②3751 （　　むらさき　　）

③4691 （　　のりまき　　）

6 答え ①まくら （　　927　　）

②えいが （　　481　　）

③めざまし （　　6593　　）

7 答え ①572 （　　カメラ　　）

②935 （　　スイカ　　）

③63148 （　パイロット　）

8 答え ①(かい)→②(いるか)
　　→③(かさ)→④(さる)

9 答え ①(こたつ)→②(つみき)
　　→③(きつつき)→④(きつね)

10 答え ①(くり)→②(りす)
　　→③(すいか)→④(かぞく)
　　→⑤(くるま)

1　まゆみさんとお姉さんは，クッキーを同じ数ずつもっています。同じ数ずつ食べていき，お姉さんがのこり8まいになったところで，お姉さんの分をまゆみさんにくれました。まゆみさんは，お姉さんからもらった分と自分のクッキーをぜんぶ食べました。まゆみさんは，お姉さんより何まい多くクッキーを食べたのでしょう。

答え（　　　　　　　）まい

2　15かいだてのビルがあります。1かいから2かいに行くのに1分，つまり，1かい上がるごとに1分かかります。1かいから15かいまで上がるのに，何分かかるでしょう。

答え（　　　　　　　）分

3　時計は今，昼の2時半をさしています。
　同じ日の夜9時半になるまでに，長いはりはみじかいはりを，何回おいこしますか。

答え（　　　　　　　）回

名前（　　　　　　　　　　　　　　）

4　40人の子どもたちが1れつにならんでいます。きょうこさんの前には，5人の子がならんでいます。ただしさんの後ろには，9人の子がならんでいます。
　きょうこさんとただしさんの間には，何人いるでしょう。

答え（　　　　　　　）人

5　ともこさんが，計算をしています。本当は45をたすところを，まちがえて54をたしてしまったので，答えが90になってしまいました。正しい答えはいくつでしょう。

答え（　　　　　　　）

6 たけしさんは，かおりさんより，せが高いです。
たけしさんは，まさしさんより，せがひくいです。
3人の中で，1番せが高いのは，だれでしょう。

答え（　　　　　　　　）

7 子どもが1れつにならんでいます。みどりさんは前から22番目
で，後ろから5番目です。
みんなで何人いるでしょう。

答え（　　　　　　　　）人

8 2まいの数字カードがあります。2つのカードをたすと，8に
なるそうです。大きい方から小さい方を引くと，2になるそうで
す。
2まいのカードの数字を答えましょう。

答え（　　　　と　　　　　）

9 　赤い花と白い花を，合わせて36本買います。白い花を5本赤い花にかえたら，ちょうど同じ数ずつになりました。
　　赤い花は，はじめ何本だったでしょう。

答え（　　　　　　）本

10 　1から100までの数を，ぜんぶ書きました。
　　数字の「5」を，ぜんぶで何回書いたでしょう。

答え（　　　　　　）回

1 答え 16まい

　お姉さんと同じ数ずつ食べているので，お姉さんが残り8枚のとき，まゆみさんも8枚残っている。

　自分の分の8枚とお姉さんの8枚を合わせて，16枚多く食べたことになる。

2 答え 14分

　15階まで行くのに上る階段は，14しかない。
　したがって，14分かかることになる。

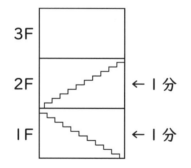

　3Fまでなら2分というように（その階−1）で考えてもよい。

3 答え 6回

　3時16分　4時22分　5時27分　6時33分　7時38分　8時43分
　（これらの時刻は正確な数値ではなく近似値である）

4 **答え　24人**

　きょうこさんの前に5人なので，きょうこさんを含めると6人になる。同様に，ただしさんを含めると後ろに10人いることになる。
　よって，40−（6＋10）＝24 となる。

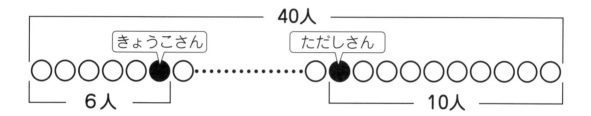

5 **答え　81**

　　□＋54＝90
　　　　□＝90−54
　　　　□＝36
　36＋45＝81
　36を求めたところで安心してしまわないよう注意する。

【引用文献】
宮崎真砂美 1 2 4 5 『向山型算数教え方教室』2010年3月号 P.68（明治図書）
松山 英樹 3 　　　『新難問・良問＝5題1問選択システム2年』P.11（明治図書）

6 　答え　まさしさん

　　問題の1文目から，たけしさんはかおりさんより背が高い。
　　問題の2文目から，まさしさんはたけしさんより背が高い。
　　したがって，一番背が高いのはまさしさんとなる。

7 　答え　26人

　　みどりさんの前に21人，みどりさんの後ろに4人並んでいることがわかる。よって，式に表すと，次のようになる。
　　21＋1＋4＝26

8 　答え　5と3（3と5も可）

　　たして8になる組み合わせは，
　　（8，0）（7，1）（6，2）（5，3）の4通りである。
　　この中で差が2となるのは，（5，3）の組み合わせである。

9 答え　13本

36本を赤い花と白い花の2つに分けるとすると18本ずつになる。

そのうち，5本の白い花を赤い花にかえるとちょうど同じ数になるので18本から5を引くとよい。

36＝18＋18
18－5＝13

赤い花13本，白い花23本となる。

10 答え　20回

5, 15, 25, 35, 45, 50, 51, 52, 53, 54, 55, 56, 57, 58, 59, 65, 75, 85, 95

55は，5が2回と数える。

【引用文献】
今浦敏江 6 7 8 10 『向山型算数教え方教室』2009 年 11 月号 P.68（明治図書）
笠　郁子 9 　　『向山型算数教え方教室』2009 年 9 月号 P.68（明治図書）

1 かずこさん，ようこさん，けいこさん，きよみさんの４人がたんじょう日のじゅんばんがどうなっているか，話し合っています。

下のお話から，４人のたんじょう日のじゅんばんを答えましょう。

> かずこさん「わたしは，ようこさんより後に生まれているわ。」
> ようこさん「わたしより，早く生まれた人は２人いるわ。」
> きよみさん「わたしは，けいこさんより先に生まれているわ。」

答え　１番（　　　　　）２番（　　　　　）

　　　３番（　　　　　）４番（　　　　　）

2 □にはどんなきごうが入りますか。

‖ ♡ 8 ⋈ ♉ □ ▽ ⋇ ♋

3 ◎，○，☆はそれぞれ，ある数字をあらわしています。

◎，○，☆はそれぞれ，いくつですか。

【れい】をさんこうにして考えましょう。

◎○○☆＝10

◎☆☆☆＝8

○○○☆＝7

〈れい〉　●△＝5　　　●●△＝7

　　　　（2＋3＝5）（2＋2＋3＝7）

　　　　　　●＝2　△＝3

答え　◎（　　　　　）○（　　　　　）☆（　　　　　）

名前 （　　　　　　　　　　　　　）

4　ゆみさんは100円をもって店に行き，30円のおかしを1こ買い
ました。
　　おつりはいくらでしょう。3通りのもらい方を答えましょう。
（しょうひぜいは考えないこととします）

〈ヒント〉
ゆみさんのおさいふには100円玉が1まい入っているとはかぎりません。

答え （　　　　　　　　）円 （　　　　　　　　）円 （　　　　　　　　）円

5　正方形のへやを，3人で分けました。
　　だれのへやが一番広いでしょう。

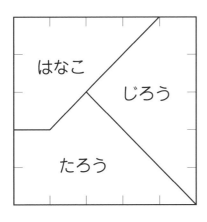

答え （　　　　　　　　）のへや

難問 No.24

【論理的思考を鍛える問題】

6 はこの中を通ると，数がつぎのようにかわりました。
□はいくつになるでしょう。

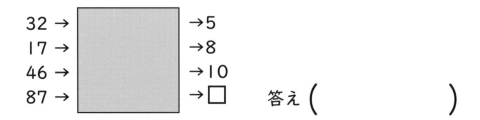

32 →		→5
17 →		→8
46 →		→10
87 →		→□

答え（　　　　　　　）

7 下の文しょうはマラソン大会のようすです。
マラソン大会に出ているのは，じろうさんをふくめて何人でしょう。

学校からゆうびんきょくまで行って同じ道をかえってきた。
じろうさんが交番の前を走っていると，もどってきた先頭グループ４人とすれちがった。ゆうびんきょくで，２人にぬかれた。
バスていで，じろうさんの後ろを走っている６人とすれちがった。
スーパーの前で，１人ぬきかえし，ゴールの前でも１人ぬいた。

答え（　　　　　　　）人

8 下のはたに色をぬります。赤，青，黄の３色をつかいます。ぬるじゅんばんをかえると，いくつのはたができますか。（うらは，ぬりません）

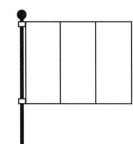

答え（　　　　　　　）つ

9 玉入れをしました。
赤組は，白組より３こ多く入れました。
白組は，青組より４こ少なかったです。
青組は，あと１こで20こでした。
赤組，白組，青組はそれぞれ何こ入れたでしょう。

答え
赤組（　　　　　）こ　白組（　　　　　）こ　青組（　　　　　）こ

10　５人の話を聞いて，５人がすんでいるへやを見つけましょう。
そして，そのへやに名前を書きましょう。

> なつみ「左から１番目，下から３番目のへやです。」
> ゆうた「下に１へやあって，右から３番目のへやだよ。」
> あやな「すずねさんのへやから，２つ下のへやよ。」
> かずや「上から１つ目で，左から４番目のへやだよ。」
> すずね「なつみさんと同じかいで，間に３へやあるよ。」

1　答え　1番きよみさん　2番けいこさん
　　　　　3番ようこさん　4番かずこさん

最初に，ようこさんのセリフから考えるのがポイントである。
①【ようこさんのセリフ】
　ようこさんより早く生まれた人が2人いるから，ようこさんは3番。
②【かずこさんのセリフ】
　ようこさんの後に生まれたから，かずこさんは4番。
③【きよみさんのセリフ】
　けいこさんより先に生まれたから，きよみさんは1番。
　けいこさんが2番。

2　答え　以下の通り

1〜9までの数字を線対称の形に
表した記号が並んでいる。

3　答え　◎5　○2　☆1

◎○○☆＝5＋2＋2＋1＝10
◎☆☆☆＝5＋1＋1＋1＝8
○○○☆＝2＋2＋2＋1＝7

4 答え　70円　20円　0円

①100円玉で払った場合 100−30=70（円）

②50円玉で払った場合 50−30=20（円）

③10円玉3枚で払った場合 30−30=0（円）

※5円玉6枚，1円玉30枚で払った場合も0円

5 答え　たろうのへや

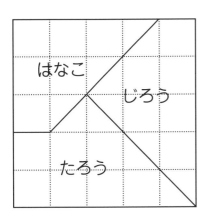

補助線をひいて，何マス分か数える。

はなこ 7マス半

じろう 8マス半

たろう 9マス

たろうの部屋が一番広い。

【引用文献】
川原奈津子 ①『新難問・良問5題1問選択システム2年』P.59（明治図書）
村野　聡 ②『算数教科書教え方教室』2013年6月号 P.82（明治図書）
平瀬公士 ③『新難問・良問5題1問選択システム2年』P.22（明治図書）
中田昭大 ④ TOSS LAND ちょこっと難問「おつり問題」
鯵坂菜月 ⑤『向山型算数教え方教室』2009年7月号 P.68（明治図書）

6　答え　15

$$32 \rightarrow \boxed{3+2=5} \rightarrow 5$$
$$17 \rightarrow \boxed{1+7=8} \rightarrow 8$$
$$46 \rightarrow \boxed{4+6=10} \rightarrow 10$$
$$87 \rightarrow \boxed{8+7=15} \rightarrow \boxed{15}$$

7　答え　13人

先頭グループの人数	4人
郵便局で抜かれた人数	2人
バス停ですれ違った人数	6人
じろうさん	1人

解説動画

$$4+2+6+1=13（人）$$

8　答え　6つ

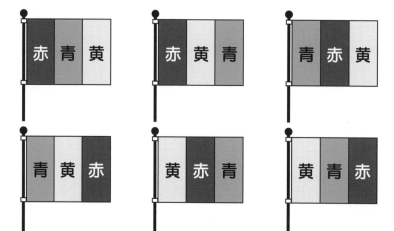

9　答え　赤組18こ　白組15こ　青組19こ

最初に，青組から求めるのがポイントである。
①【青組】あと1つで20だから，20－1=19（個）
②【白組】青組より4個少ないから，19－4=15（個）
③【赤組】白組より3個多く入れたから，15+3=18（個）

10　答え　以下の通り

			かずや	
なつみ				すずね
		ゆうた		
				あやな

【引用文献】
大貝浩蔵　⑥『向山型算数教え方教室』2009年10月号 P.68（明治図書）
土肥ゆかり⑦『向山型算数教え方教室』2008年1月号 P.68（明治図書）
細羽朋恵　⑧『向山型算数教え方教室』2007年11月号 P.68（明治図書）
井上和紀　⑨『向山型算数教え方教室』2012年10月号 P.82（明治図書）
桑原和彦　⑩『向山型算数教え方教室』2006年11月号 P.68（明治図書）

小学2年「ちょいムズ問題」①

出題＝木村重夫

すきなもんだいをといてみましょう。（　）5問コース　（　）全問コース

【1】つぎの計算をひっ算でしましょう。

105-56　　ひっ算

【2】□にあてはまる数はいくつですか。

90　　　100　　　110

【3】牛にゅうが1Lあります。ホットケーキをつくるのに，2dLつかいました。のこりは何dLになりますか。

〈しき〉

答え

【4】下のような形のはこがあります。へんはぜんぶでいくつありますか。

4cm
4cm
2cm

答え

【5】下の時計の時こくは何時何分ですか。

答え　　時　　分

【6】りんごはぜんぶで何こありますか。かけ算のしきでもとめましょう。

〈しき〉

答え

【7】5300は10をなんこあつめた数ですか。

答え

【8】1から40までの数で，1つだけぬけています。いくつでしょう。

25	7	13	2	17	28	9	15	4	40
10	34	20	31	8	27	22	1	19	24
37	5	16	38	32	11	30	23	12	27
21	36	14	26	35	3	18	29	6	39

答え

【9】計算しましょう。

4cm5mm+11cm5mm＝

【10】㋐から㋓の中で，いちばん広いのはどれですか。

㋐　㋑　㋒　㋓

答え

【解答】

【1】49	【6】しき 5×3（＝15）　答え15こ
【2】104	【7】530こ
【3】しき 1-0.2　答え8dL	【8】33
【4】12	【9】16cm
【5】9時35分	【10】㋓

小学2年「ちょいムズ問題」②

出題＝木村重夫

すきなもんだいをといてみましょう。（　）5問コース　（　）全問コース

【1】 いちばん長いえんぴつはどれですか。きごうでこたえましょう。

答え ☐

【2】 ともみさんは70円, いもうとのさとみさんは50円もっています。ともみさんとさとみさんがもっているお金のちがいは何円ですか。

〈しき〉

答え ☐

【3】 数があるきまりでならんでいます。☐に入るすうじは何でしょう。

| 84 | 91 | ☐ | ☐ | 112 |

【4】 入れものに水が入っています。多く入っているのはどちらですか。

答え ☐

【5】 10cmのテープと36cmのテープをつないで, 1本のテープにしました。テープの長さはぜん体で42cmになりました。⑦のぶぶんの長さは何cmですか。

10cm
⑦
36cm

答え ☐

【6】 四角形はいくつありますか

答え ☐

【7】 数字でかきましょう。

五千二百三

答え ☐

【8】 絵を見て答えましょう。

Choco 62円　あめ 35円　GUM 50円　ジュース 120円

チョコレートとあめとガムとジュースをそれぞれ1こずつ買うと, いくらになりますか。

答え ☐

【9】 つぎの計算の☐にあてはまる数を答えましょう。

$$
\begin{array}{r}
1\ \square\ 5 \\
-\ \ 6\ 7 \\
\hline
7\ 8
\end{array}
$$

答え ☐

【10】 同じ大きさの ◣ がならんでいます。広いのはどちらですか。

⑤　　⑥

答え ☐

【解答】

【1】⑤	【6】8（つ）
【2】しき　70−50（＝20） 　　答え20円	【7】5203
【3】98, 105（7ずつふえている）	【8】62＋35＋50＋120＝267 　　答え267円
【4】⑥	【9】4
【5】10＋36＝46　46−42＝4　4cm	【10】⑥

小学2年「ちょいムズ問題」③

出題＝木村重夫

すきなもんだいをといてみましょう。（　）5問コース　（　）10問コース　（　）全問コース

【1】□にあてはまる数をかきましょう。 (1) 9×□=36 (2) □+20=70	【2】図を見て答えましょう 三角形はいくつありますか 答え □	【3】図を見て答えましょう 四角形はいくつありますか 答え □	【4】数字でかきましょう。 五千二百六十三 答え □
【5】ケーキが5こずつ入った はこが8つあります。ケーキは ぜんぶで何こになりますか。 〈しき〉 答え □	【6】1000を4こ、10を8こ、 1を5こ合わせた数はいくつ ですか。 〈ヒント〉1000を4こ……4000 　　　　10を8こ……　80 　　　　1を5こ………　5 合わせて □	【7】□にあてはまる長さを書 きましょう。 4cm5mm+□ =11cm5mm	【8】下の時計の時こくは 何時何分ですか。 答え □
【9】数があるきまりでならん でいます。□にあてはまる数 を書きましょう。 2200-2300-□ -2500-2600	【10】5300は10をなんこあ つめた数ですか。 答え □	【11】絵を見て答えましょう。 Choco 62円　35円　GUM 50円　120円 チョコレートを1まい、ジュー スを1本買うと、ぜんぶでいく らですか。　答え □	【12】絵を見て答えましょう。 チョコレートとあめとガムを それぞれ1こずつ買うと、い くらにな ります。　答え □
【13】まとあてゲームをしまし た。1000点のまとに1回、 10点のまとに 1回あてました。 あわせたとく点 は何点ですか。 答え □	【14】数があるきまりでならん でいます。□にあてはまる数 を書きましょう。 8-16-24-□-□-40	【15】計算をしましょう。 183-35=□ | 1	8	3		【16】つぎの計算の□にあて はまる数字を答えましょう。 　1 □ 5 -　　6 7 　　7 8
【17】20cmのテープと42cmの テープをつないで1本のテープ にしました。テープの長さはぜ ん体で57cmになりました。 …20cm… ⑦ 　42cm… ⑦のぶぶんの長 さは何cmですか 答え □	【18】つぎの⑦, ⑦, ⑦では、 どれがいちばん大きいです か。 ⑦9999 ⑦9000 ⑦10000 答え □	【19】下の形を見て答えましょ う。 三角形はいくつありますか。 答え □	【20】下の形を見て答えま しょう。 四角形はいくつありますか。 答え □

【解答】

【1】(1) 9×4=36 　　(2) 50+20=70	【2】4（つ）	【3】6（つ）	【4】5263
【5】しき 5×8=40 　　答え 40こ	【6】4085	【7】7cm	【8】9時25分
【9】2400	【10】530こ	【11】62+120=182 　　答え 182円	【12】62+35+50=147 　　答え147円
【13】1010点	【14】32（8ずつふえている）	【15】148	【16】4
【17】20+42=62 　　62-57=5　5cm	【18】⑦　たてに位をそろえ るとくらべやすい	【19】5（つ）	【20】5（つ）

小学2年「ちょいムズ問題」④

出題＝木村重夫

すきなもんだいをといてみましょう。（　）5問コース　（　）10問コース　（　）全問コース

【1】いちばん長いえんぴつはどれですか。 きごうで答えましょう。　答え □	【2】1から40までの数で、1つだけぬけている数があります。何ですか。 25 7 13 2 17 28 9 15 4 40 10 34 20 31 8 27 22 1 19 24 37 5 16 38 32 11 30 23 12 27 21 33 14 26 35 3 18 29 6 39 答え □	【3】下の□にはどんな数が入るでしょう。 ①40より5大きい数は □ です。 ②100より3小さい数は □ です。	【4】りんごはぜんぶで何こありますか。かけ算のしきでもとめましょう。 〈しき〉 答え □
【5】5□4□3の□に＋－のきごうのどちらかを入れてけいさんします。こたえが6になるには、5＋4－3にします。このとき、こたえが4になるように、□にきごうを入れましょう。 5 □ 4 □ 3＝4	【6】あからえの中で、いちばん広いのはどれですか。 答え □	【7】つぎの計算をひっ算でしましょう。 48＋89	【8】下の4つのかたちの中で、三角形はどれですか。1つえらんで、きごうでこたえましょう。 あ　い　う　え 答え □
【9】下のような形のはこがあります。へんはぜんぶでいくつありますか。 4cm　4cm 2cm 答え □	【10】入れものに水が入っています。多く入っているのはどちらですか。 あ　い 答え □	【11】ケーキを4人に1人2こずつくばります。ケーキはぜんぶで何こいりますか。 〈しき〉 答え □	【12】牛にゅうが1Lあります。ホットケーキをつくるのに、2dLつかいました。のこりは何dLになりますか。 答え □ dL
【13】ともみさんは60円、いもうとのさとみさんは40円もっています。ともみさんとさとみさんがもっているお金のちがいは何円ですか。 〈しき〉 答え □	【14】つぎの計算をひっ算でしましょう。 106－67	【15】同じ大きさの ◺ がならんでいます。広いのはどちらですか。 あ　い 答え □	【16】数があるきまりでならんでいます。□に入る数は何でしょう。 84 － 91 － □ － □ － 112
【17】いちごが1はこに9こずつ、2はこに入っています。いちごはぜんぶで何こありますか。 〈しき〉 答え □	【18】いちごが1はこに9こずつ、2はこに入っています。お兄さんとわたしのふたりで、5こずつ食べました。いちごは何このこっていますか。 〈しき〉 答え □	【19】□にあてはまる数はいくつですか。 90　100　110 □	【20】3つのどうぶつ園あ、い、うにパンダがいます。3つのどうぶつ園で、パンダはぜんぶで何とういますか。 あどうぶつ園 いどうぶつ園 うどうぶつ園 答え □ とう

【解答】

【1】う	【2】36	【3】①45 ②97	【4】しき　7×3＝21 　　答え　21こ
【5】5 □－ 4 □＋ 3＝4	【6】あ	【7】137	【8】え
【9】12	【10】い	【11】しき 2×4＝8 　　答え 8こ	【12】8dL 1L＝10dL 　　10－2＝8
【13】しき60－40＝20 　　答え 20円	【14】39	【15】あ　　あは三角形が5こ 　　　　いは三角形が4こ	【16】98　105 　（7ずつふえている）
【17】しき 9×2＝18 　　答え 18こ	【18】しき (9×2＝18)　5×2＝10　18－10＝8 　　べつのしき　18－5－5＝8　答え 8こ	【19】104	【20】11とう 　（1＋8＋2＝11）

子どもが熱中する授業にあこがれて

初任の時，円の面積の授業をしました。

右下のラグビーボールのような形の面積を求める問題がありました。

子どもにとって難しいと思い，丁寧にかんでふくめるように教えました。

授業の雰囲気は重く，算数の苦手な子は全く分かっていませんでした。

子どもが熱中し，できるようになる授業がしたいと強く思い，向山型算数を学びました。

再び，円の面積を授業した時は，「先生が一目でわかるようにノートに書いて持っていらっしゃい」と子どもの力を信じ，任せました。（向山洋一先生から教わった指導法です。）

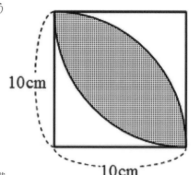

教室の雰囲気が一変しました。

どの子も自分で考え，熱中して取り組んでいました。

たくさん挑戦しますが，なかなか正解は出ませんでした。

でも，ついに正解者が出ました。

算数の苦手な子が最初にできたのです。

教室から驚きと歓声が上がりました。

教室はやる気に満ちあふれ，算数ができる子も苦手な子も満足する授業となりました。

教師として，腹の底からの手ごたえを感じた瞬間でした。

しかし，私の力量不足で，常に熱中する算数授業とはなりませんでした。

その時に出会ったのが『もう1つの向山型算数！教室熱中！難問1問選択システム（明治図書）』という書籍です。

書籍には，難問授業のポイントが4つ示されていました。

---

① できそうでできない問題を出す。

② 5問中1問しか解いてはいけない。

③ 教師は○か×だけつける。

④ 2問目を解いてもかまわないが，不正解だと合計0点になってしまう。

問題を印刷し，授業のポイント通りにやってみました。

あっという間に，教室は静かな熱中状態になりました。

子どもたちは，できたら意気揚々と私のところに持ってきます。

私は，○か×かつけるだけです。

×をつけても，子どもは何度も持ってきます。

たくさん×をつけると子どもの意欲が落ちるのでは，という思いは杞憂でした。

間違いを乗り越え正解した時の嬉しそうな表情が，達成感を物語っていました。

「子どもは考えることが好き。」

「子どもは難しいことに挑戦することが楽しい。」
　円の面積の授業や難問の授業を通して，大切なことに気づくことができました。

　今回，新しい難問集が発刊されます。
　問題を印刷して，授業のポイント通りやれば，誰でも熱中した授業をすることができます。
　「難問をやります！」と告げると，きっと子どもたちから歓喜の声が上がるでしょう。
　時間がない場合は，「ちょこっと難問」と題して，1問だけ出してあげることもできます。その時の授業の様子を書いた学級通信を紹介します。

『5÷7の小数第150位の数字は何ですか。』
　解けそうで解けない，いわゆる難問です。
　「難しそうだ」という反応がありましたが，きっと乗り越えてくるだろうと信じて待ちました。
　しばらくしてAさんがノートを見せに来ました。
　5÷7＝0．714285714285714285・・・・・・・
　150÷6＝25　　小数第150位は「5」
　【714285】の6つの繰り返しになっていることに注目して150を6で割ったのです。
　割り切れたので【714285】の最後の数字である5が小数第150位であると気づきました。
　数学的な考え方で解くことができており感心しました。
　正解を告げると教室に歓声が響きました。
　Bさん，Cさん，DさんもAさんと同じ考え方で答えを求め，続きました。
　3人は大喜びでした。
　また，しばらくしてEさんがノートを持ってきました。
　筆算で計算をして小数第150位まですべて書きだしたのです。
　気の遠くなるような作業ののち，答えの「5」にたどりついたのです。
　これも立派な解き方です。
　何とか答えを求めようという意欲も伝わってきます。
　ちょっぴり難しい問題でしたが，子どもたちの様々な考え方やがんばりを見ることができた授業の一コマでした。

　難問集で全国の教室が熱中し，算数好きな子が増えることを願っています。

　最後に，編集の機会を与えてくださった木村重夫先生，多大なご助言や励ましのお言葉をいただきました学芸みらい社の樋口雅子様，難問シリーズの出版を認め，応援してくださった向山洋一先生，本当にありがとうございました。

令和2年11月3日

TOSS流氷代表　中田昭大

◎編著者紹介

木村重夫（きむら　しげお）
1983 年　横浜国立大学卒業
埼玉県公立小学校教諭として 34 年間勤務。
2018 年〜現在　日本文化大学講師
TOSS 埼玉代表，TOSS 祭りばやしサークル代表
〈著書・編著〉
『成功する向山型算数の授業』『続・成功する向山型算数の授業』
『算数の教え方には法則がある』『教室熱中！難問1問選択システム』1〜6年（明治図書）
〈共同開発〉
『うつしまるくん』（光村教育図書）『向山型算数ノートスキル』（教育技術研究所）

中田昭大（なかた　あきひろ）
1972 年　長崎県生まれ　長崎大学教育学部小学校教員養成課程卒業
現在　北海道稚内市公立小学校教諭
TOSS 流氷代表
〈編著〉
『フレッシュ先生のための「はじめて辞典」』（学芸みらい社）
『「算数」授業の新法則　4年生編』（学芸みらい社）
『5分で準備　学校行事あいさつ・シナリオ集』（騒人社）

布村岳志　　　**中田 優**　　　**竹内大輔**
北海道公立小学校　　北海道公立小学校　　北海道立学校

教室熱中！めっちゃ楽しい
算数難問1問選択システム
2巻　初級レベル2＝小2相当編

GAKUGEI
MIRAISHA

2021 年 1 月 25 日　初版発行
2023 年 5 月 15 日　第 2 版発行

編著者　木村重夫・中田昭大
発行者　小島直人
発行所　株式会社学芸みらい社
　　　　〒 162-0833 東京都新宿区筆笥町 31 番 筆笥町 SK ビル 3F
　　　　電話番号 03-5227-1266
　　　　https://www.gakugeimirai.jp/
　　　　E-mail : info@gakugeimirai.jp
印刷所・製本所　藤原印刷株式会社
企　画　樋口雅子
校　閲　板倉弘幸
本文組版　橋本　文
本文イラスト　辻野裕美 他
ブックデザイン　小沼孝至

教室熱中！ めっちゃ楽しい

算数難問 1問選択システム

うーん、難しい。 出来そう！ 出来た！

動画のマスコット「ライオンくん」（作：山戸 麦）

●**木村重夫＝責任編集**
☆B5版・136頁平均・本体2,300円（税別）

1巻 初級レベル1＝小1相当編
堂前直人＋TOSS/Lumiere

2巻 初級レベル2＝小2相当編
中田昭大＋TOSS流氷

3巻 中級レベル1＝小3相当編
松島博昭＋TOSS CHANCE

4巻 中級レベル2＝小4相当編
溝口佳成＋湖南教育サークル八方手裏剣

5巻 上級レベル1＝小5相当編
岩田史朗＋TOSS金沢

6巻 上級レベル2＝小6相当編
林 健広＋TOSS下関教育サークル

別巻 数学難問＝中学・高校レベル相当編
星野優子・村瀬 歩＋向山型数学研究会

デジタル時代に対応！ よくわかる動画で解説

　各ページに印刷されているQRコードからYouTubeの動画にすぐにアクセスできます。問題を解くポイントを音声で解説しながら、わかりやすい動画で解説します。授業される先生にとって「教え方の参考」になること請け合いです。教室で動画を映せば子どもたち向けのよくわかる解説になります。在宅学習でもきっと役立つことでしょう。

教科書よりちょっぴり難しい「ちょいムズ問題」

　すでに学習した内容から、教科書と同じまたはちょっぴり難しいレベルの問題をズラーッと集めました。教科書の総復習としても使えます。20問の中から5問コース・10問コース・全問コースなどと自分のペースで好きな問題を選んで解きます。1問1問は比較的簡単ですが、それがたくさん並んでいるから集中します。

子ども熱中の難問を満載！

　本シリーズは、子どもが熱中する難問を満載した「誰でもできる難問の授業システム事典」です。みなさんは子どもが熱中する難問の授業をされたことがありますか？ 算数教科書だけで子ども熱中の授業を作ることは高度な腕を必要とします。しかし、選び抜かれた難問を与えて、システムとして授業すれば、誰でも子ども熱中を体感できます。

これが「子どもが熱中する」ということなんだ！

　初めて体験する盛り上がりです。時間が来たので終わろうとしても「先生まだやりたい！」という子たち。正答を教えようとしたら「教えないで！ 自分で解きたい！」と叫ぶ子たち。今まで経験したことがなかった「手応え」を感じることでしょう。

授業の腕が上がる新法則シリーズ　全13巻

監修：谷 和樹（玉川大学教職大学院教授）

新指導要領対応！

新教科書による「新しい学び」時代、幕開け！
2020年度からの授業スタイルを「見える化」誌面で発信！

4大特徴

基礎単元＋新単元をカバー	授業アイデア＆スキル大集合
授業イメージ、一目で早わかり	新時代のデジタル認識力を鍛える

◆「国語」授業の腕が上がる新法則
　村野 聡・長谷川博之・雨宮 久・田丸義明 編
　978-4-909783-30-1　C3037　本体1700円（＋税）

◆「社会」授業の腕が上がる新法則
　川原雅樹・桜木泰自 編
　978-4-909783-32-5　C3037　本体1700円（＋税）

◆「算数」授業の腕が上がる新法則
　木村重夫・林 健広・戸村隆之 編
　978-4-909783-31-8　C3037　本体1700円（＋税）

◆「理科」授業の腕が上がる新法則※
　小森栄治・千葉雄二・吉原尚寛 編
　978-4-909783-33-2　C3037　本体2400円（＋税）

◆「生活科」授業の腕が上がる新法則※
　勇 和代・原田朋哉 編
　978-4-909783-41-7　C3037　本体2500円（＋税）

◆「音楽」授業の腕が上がる新法則
　関根朋子・中越正美 編
　978-4-909783-34-9　C3037　本体1700円（＋税）

◆「図画工作」授業の腕が上がる新法則
　1～3年生編※
　酒井臣吾・谷岡聡美 編
　978-4-909783-35-6　C3037　本体2400円（＋税）

◆「図画工作」授業の腕が上がる新法則
　4～6年生編※
　酒井臣吾・上木信弘 編
　978-4-909783-36-3　C3037　本体2400円（＋税）

◆「家庭科」授業の腕が上がる新法則
　白石和子・川津知佳子 編
　978-4-909783-40-0　C3037　本体1700円（＋税）

◆「体育」授業の腕が上がる新法則
　村田正樹・桑原和彦 編
　978-4-909783-37-0　C3037　本体1700円（＋税）

◆「道徳」授業の腕が上がる新法則
　1～3年生編
　河田孝文・堀田和秀 編
　978-4-909783-38-7　C3037　本体1700円（＋税）

◆「道徳」授業の腕が上がる新法則
　4～6年生編
　河田孝文・堀田和秀 編
　978-4-909783-39-4　C3037　本体1700円（＋税）

◆「プログラミング」授業の腕が上がる新法則
　許 鍾萬 編
　978-4-909783-42-4　C3037　本体1700円（＋税）

各巻A5判並製
※印はオールカラー

激動する社会の変化に対応する教育へのパラダイムシフト ── 谷 和樹

　PBIS（ポジティブな行動介入と支援）というシステムを取り入れているアメリカの学校では「本人の選択」という考え方が浸透しています。その時の子ども本人の心や体の状態によって、できることは違います。それを確認し、あくまでも本人にその時の行動を選ばせるという方法です。これと教科の指導とを同じに考えることはできないかも知れません。しかし、「本人の選択」を可能にする学習サービスが世界的に広がり、増え続けていることもまた事実です。

　また、写真、動画、Webページなど、全教科のあらゆる知識をデジタルメディアで読む機会の方が多くなっているのが今の社会です。そうした「デジタル読解力」について、今の学校のカリキュラムは十分に対応しているとは言えません。

　子どもたち「本人の選択」を保障する考え方、そして幅広い「デジタル読解力」を必須とする考え方を公教育の中で真剣に考える時代が到来しつつあります。

　本書ではこうしたニーズにできるだけ答えたいと思いました。

　本書の読者のみなさんの中から、そうした問題意識をもち、一緒に研究を進めていただける方がたくさん出てくださることを心から願っています。